海上火力·航空母舰传奇

[英] 安东尼·普雷斯顿 著　金连柱 译

中国市场出版社
China Market Press

图书在版编目（CIP）数据

海上火力·航空母舰传奇 /（英）普雷斯顿（Preston, A.）著；金连柱译．—北京：中国市场出版社，2011.6

ISBN 978-7-5092-0765-9

Ⅰ．海… Ⅱ．①普… ②金… Ⅲ．航空母舰—介绍—世界 Ⅳ．① E925.671

中国版本图书馆 CIP 数据核字（2011）第 093741 号

书　　名：海上火力·航空母舰传奇

著　　者：［英］安东尼·普雷斯顿

译　　者：金连柱

责任编辑：郭　佳

出版发行：中国市场出版社

地　　址：北京市西城区月坛北小街 2 号院 3 号楼（100837）

电　　话：编辑部（010）68033692　读者服务部（010）68022950

发行部（010）68021338　68020340　68053489

68024335　68033577　68033539

经　　销：新华书店

印　　刷：北京佳信达欣艺术印刷有限公司

开　　本：787×1092 毫米　1/12　18 印张　230 千字

版　　次：2011 年 7 月第 1 版

印　　次：2011 年 7 月第 1 次印刷

书　　号：ISBN 978-7-5092-0765-9

定　　价：59.80 元

海上空战主力

从最早的普通船只一直到今天的现代化战舰，本书共搜集了多幅有关航空母舰的照片。包括许多剖面图在内的工艺图真实地展示了世界海战史上一些王牌航空母舰的过人风采。

在第一次世界大战期间，为了执行作战舰队的护航任务，尚处于雏形阶段的航空母舰开始在战场上出现，并得到了飞速发展。在接下来的第二次世界大战期间，她已经发展成为一种极具决定性的海军武器，并在随后的转型期海战中发挥了重要作用。自 1911 年舰载机从舰船甲板上的第一次成功起飞，到今天的核动力超级航空母舰，本书详细讲述了这种极其重要的海军武器的发展历程，用了图文并茂的方式深入地阐释了有关航母作战的技术和战术问题。

正是在第二次世界大战的战场上，航空母舰才最终取代了战列舰成为海军第一武器，因此，书中列举了 1939—1945 年所有重要的航空母舰及其参加的战役，譬如：1941 年 12 月偷袭珍珠港事件、1942 年 5 月的中途岛海战、1944 年 6 月的菲律宾海海战和“伟大的马里亚纳射火鸡竞赛”，等等。

随着第二战世界大战的结束以及喷气式战斗机的出现及实战应用，促成了斜角飞行甲板和新一级航空母舰的出现，预示着一个新的航空母舰时代的开始，其中，“中途岛”号和“鹰”号可成为这些新型航空母舰的典范。书中还包括“尼米兹”级航空母舰以及小型国家海军使用的搭载“垂直 / 短距起降飞机 / 攻击机”的大型两栖舰船。此外，每一幅工艺图下面均附有详尽的技术参数说明，其中包括排水量、尺寸、航速、武器装备、人员编制、舰载机数量以及动力系统等。

目录
CONTENTS

551

1 航空母舰早期的探索与发展

19 世纪，世界上所有的帝国海军都认识到舰队在远程作战中拥有空中侦察能力十分必要。然而在当时，风筝和气球在军事应用上存在诸多缺陷，第一台飞行器也无法从舰上起飞，更谈不上在舰上降落。但英国和美国最终坚持下来了，第一艘真正的航空母舰诞生了。第一次世界大战的爆发进一步推动了各国对航空母舰的设计及发展。

航空母舰是一个充满矛盾的产物，它具备强大的战斗力，同时又存在着致命的弱点。它非常迅速地从起步阶段发展到顶峰。直到 1939 年，许多海军规划者还将其视为战列舰的附属物，人们仍时不时地对其作用提出质疑。60 年后，航空母舰却发展成为现有战舰中最具威力的一种。然而，即使是在人类首次空中飞行成为现实的时候，人们仍然无法想象—— 一种具备“空中能力”的战舰将会以何种速度变为现实。

气球

18 世纪末，气球开始流行起来，但将气球应用于海军作战的建议却是由皇家海军亨利诺·尔斯海军少将于 1803 年首次提出的。他建议改装一艘轻帆船，用于操纵一只气球去侦察法国布雷斯特港。1818 年，另一名英国人查尔斯·罗吉尔设计出一艘舰船，该舰操纵一只载有定时炸弹的自由漂浮气球，以攻击港内的敌方舰队。1846 年，墨西哥—美国战争期间，约翰·怀斯建议使用一个系留气球向韦拉克鲁斯市投掷炸药，该气球可从陆地上或海上舰船上升空。然而，直至 1849 年，气球才第一次真正用于战争。当时，奥地利人包围了威尼斯，他们计划用小型自由漂浮热气球向该城空投炸药，其中，大部分气球攻击是从陆地发动的，但在 1849 年 7 月 12 日，从“火山”号汽船上也发起了一些气球攻击。

最终的事实证明，这次攻击行动几乎没有任何建树，无人气球从此受到冷落。直到 19 世纪 80 年代末期，当时，弗雷德里克·高尔试图说服英国海军部建造一艘能实施空中打击的舰船，他

左图：1917 年夏季，英国皇家海军少校邓宁在“暴怒”号上进行了一系列的着舰试验，在着舰点，地勤人员冲上前去抓住邓宁驾驶的“幼犬”战斗机的翼尖，帮助把飞机拖曳到甲板上，使其停止移动。

的建议最终成为泡影。但在美国内战期间，海上载人系留气球再次引起人们的关注，联邦军队开始使用气球执行特殊任务，1861 年 8 月 3 日，约翰·拉·芒廷从由拖船改装的“范妮”号陆军运输船的甲板上升空。除此之外，据说拉·芒廷还曾从“亚得里亚海”号汽船上进行了又一次飞行。毫无疑问，这些都是从舰船上起飞的首批载人气球飞行。联邦政府气球飞行队多次进行气球侦察飞行，并于 1861 年 8 月从华盛顿海军造船厂得到了一艘煤炭驳船进行改装，将其命名为“乔治·华盛顿·帕克·卡斯蒂斯”号，这是第一艘专门设计用于执行空中任务的舰船。1863 年，它被送回海军造船厂，到 1863 年年中时候，其所载气球由陆军“五月花”号炮舰进行操纵。1862 年，联邦军队再次利用气球来指引密西西比河上的舰船进行炮击行动。半个世纪后，气球的这项使命重新在战争中得到了应用。

19 世纪 90 年代，气球热再次兴起。主要是

右图：“乔治·华盛顿·帕克·卡斯蒂斯”号煤炭驳船（1861）是第一艘专门为执行空中任务而设计的舰船。

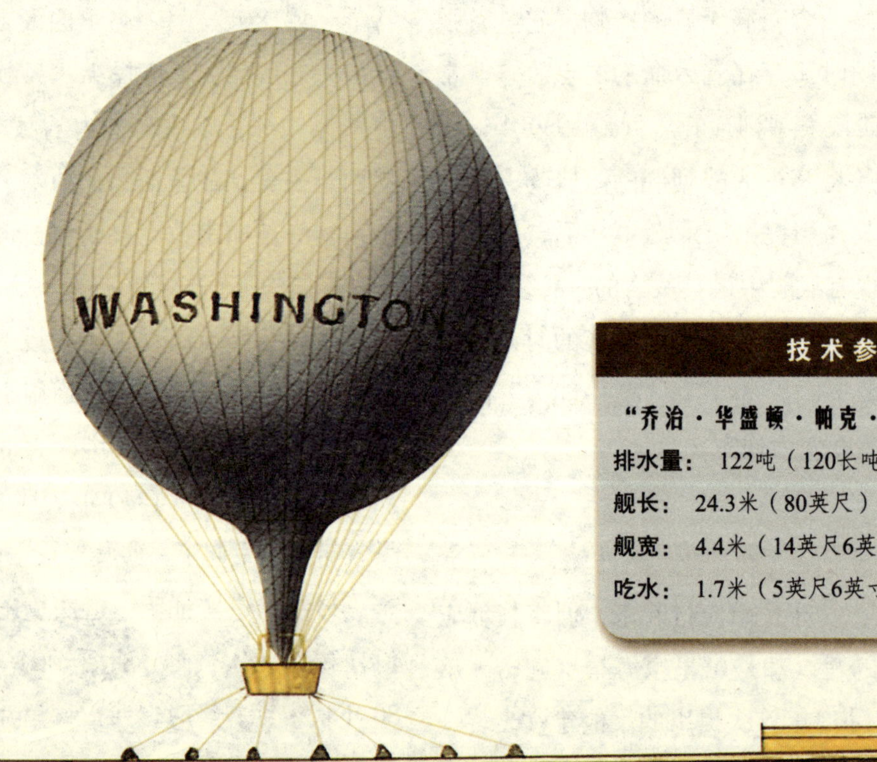

技术参数

“乔治·华盛顿·帕克·卡斯蒂斯”号

排水量： 122吨（120长吨）

舰长： 24.3米（80英尺）

舰宽： 4.4米（14英尺6英寸）

吃水： 1.7米（5英尺6英寸）

因为日益增长的火炮射程已远远超过了桅顶观察员的视线范围，因此，交战双方急需获取更远的视程。在法国战列舰“可畏”号上进行的实验表明，一个气球观察员所观察的距离要比舰上观察员观察的距离远上 40 千米（25 英里）。

新的航空工程科学也引起了人们的重视。在长达一个多世纪的时间内，气球的形状一直呈球形或梨形，但德国的香肠形系留气球使用了大量翼片和通风口，从而使气球在最强风之外的所有天候下均能保持稳定。由于先前的球形气球颤动过于猛烈，经常使得吊舱乘员难以有效地执行任务，因此，香肠状气球的出现无疑让观察员们欣喜若狂。

德国人试图对系留气球技术进行严格保密，但仍没能阻止住瑞典皇家海军于 1904 年采用该技术建成了欧洲第一艘“航空舰船”，这艘名为“气球母舰 1 号”的舰船属于一艘无动力驳船，排水量 244 吨（220 长吨）。这使人们想起了“乔

技术参数

“坎帕尼亚”号

排水量： 18 288吨（18 000长吨）

舰长： 189米（620英尺）

舰宽： 20米（65英尺3英寸）

动力装置： 双螺旋桨，三联式发动机

航速： 22节

人员编制： 416人

下图：1914—1915 年，“坎帕尼亚”号被改装成一艘水上飞机母舰，前甲板建有一条飞行平台。

治·华盛顿·帕克·卡斯蒂斯”号。但与前者不同的是，该船的设计和建造均是出于特定目标而进行的。1915年，“气球母舰1号”被划归海岸防御部队，直至1929年被卖掉前，它才首次在年度演习中得到应用。此外，法国对陈旧的“闪电”号鱼雷快艇母舰进行了改装，并在1898年和1901年的年度演习中先后使用该舰进行气球升空。但是，氢气使用所带来的危险使法国海军得出这样的结论：发展能够载人的风筝将更具潜力。

沙皇俄国海军对于风筝和气球的军事应用兴趣盎然，但在1904—1905年的对日战争中，他们很少甚至几乎不应用这种手段，倒是日本陆军部队证明了自己这方面的能力。在围困亚瑟港期间，1905年8月9日，日军攻城部队炮兵司令亲自乘坐气球升到空中，引导两门122毫米（4.7英寸）口径火炮对港内的俄国军舰进行猛烈炮击，1艘战列舰遭受轻伤，另一艘被击中了10次，停靠旁边的一艘轻型战舰被击沉，船长受伤，3名水兵阵亡。在符拉迪沃斯托克，俄国陆军工程师费奥多·波斯尼科夫上尉操纵许多球形气球和系留气球试图搜索日本水雷。他最初使用一艘蒸汽快艇，接着又改装了4艘运输船和“俄罗斯”号装甲巡洋舰，临近战争结束时，他已拥有了一支由陆海军人员组成的近百人的队伍。费奥多·波斯尼科夫上尉曾试图利用“俄罗斯”号炮击敌人陆上目标，但无功而返。紧接着，在1905年5月的黄海

右图：1904年日俄战争海上战争场景。

突击战中，他再次尝试利用该舰的气球寻找日本舰队，但由于技术故障再次遭到失败。然而，在海军历史上，这却是一个小型里程碑——在海上敌对行动中首次使用气球进行作战。

在波罗的海，俄国海军正加紧对第一艘具备自动推进能力的远洋航空船进行改装。他们从北日耳曼公司购进一艘老式班轮“莱恩”号，将其重新命名为“拉斯”号。在1904—1905年的日俄战争期间，“拉斯”号在利巴雅进行了改装，并重新定级为二等巡洋舰。该船尾部被清空，装进了气体发生器、辅助发动机、发电机和绞盘。不幸的是，它的船体老化情况太严重了，已不适于航海，在此情况下，内波格托夫海军上将把其从斯卡格拉克海峡送回利巴雅，舰员们因此幸免了经历对马海战的恐惧与惨烈。

意大利人在“厄尔巴”号巡洋舰上安装了一个球形气球，但在1907年西西里岛外海演习中，它被更换为系留气球。1908—1911年，“厄尔巴”号的姊妹舰“里古利亚”号也装备一个系留气球，而其自身却于1914年被改装成一艘水上飞机母舰。1911—1912年的意土战争中，意大利人使用了飞机、飞艇和气球，事实上，正是他们对这些武器的用途做了最早的尝试，尤其在炮火引导方面。意大利海军急于利用这些优势，于是在1911年底的时候，他们在的黎波里将“卡维尔马里诺”号双桅帆船改装成气球船。1911年11月或12月间，该系留气球多次为“里·阿姆伯特”号战列舰和“卡罗·阿尔伯特”号巡洋舰指示弹着点，这是1862年以来“比空气还轻的机械”首次在实战中引导战舰进行攻击。

载人风筝

同气球一样，风筝似乎也有着同样的前景，它在海军中的应用可追溯到1806年。当时，科克伦勋爵操纵一只风筝从英国皇家海军“帕拉斯”

下图：早期的硬式飞艇

号护卫舰上起飞，沿着比斯开湾沿岸播撒传单。大约半个世纪之后，他的儿子——海军上将查尔斯·科克伦爵士设计和试验了一种拖曳“鱼雷”（装满火药的木桶）的方法。尽管这种方法是可行的，但从未付诸实践。此后，人们对于风筝的兴趣逐渐减小。19世纪90年代初期，澳大利亚人劳伦斯·哈格雷夫发明了箱形风筝，这时才重新唤起人们对于风筝的兴趣。这种箱形风筝能搭载一人进行飞行，而且从空气动力学的角度来看，它相当稳定和易于操纵。实际上，这种风筝技术非常成熟，只需加上动力就可成为人们所熟知的飞机。

在巴登·鲍尔陆军上尉的主持下，英国陆军开始进行风筝飞行试验。同时，在雷金纳德·塔珀海军中校的鼓励下，巴登·鲍尔陆军上尉还与海军合作进行了海上飞行试验，内容包括从英国“大胆”号驱逐舰向一艘灯塔船运送信件。但是英国海军部对此并不感兴趣，无意展开进一步试验。大约在1900年前后，美国人塞缪尔·科迪开始在英国进行载人风筝飞行试验。1903年2月，他致

技术参数

“闪电”号

排水量： 6186吨（6089长吨）

舰长： 118.7米（389英尺5英寸）

舰宽： 17.2米（56英尺5英寸）

吃水： 7.2米（23英尺7英寸）

动力装置： 双螺旋桨，垂直三联式发动机

航速： 19节

武器装备： 8门9.9厘米（3.9英寸）口径舰炮

人员编制： 328人

飞机： 4架

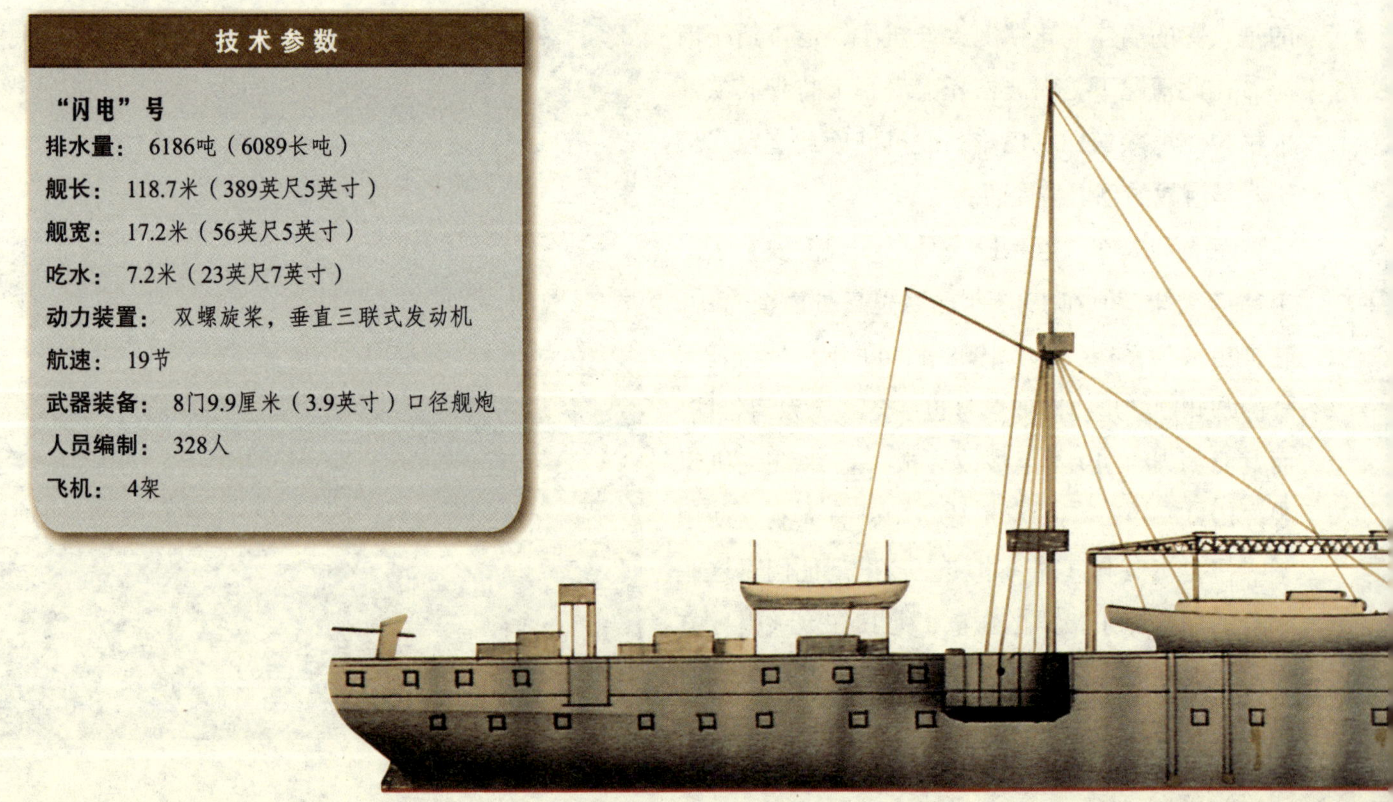

函海军部，请求演示他的风筝飞行，但时任海军上校的塔珀对此并不重视，只是略表同情地召开了一次听证会。当时，风筝是延长无线电电波传播距离的一种有效手段，皇家海军主要对风筝这一功能感兴趣，为此，塔珀还积极地向上级作了汇报。

1903年4月，英国“威吓”号旧装甲舰和“海星”号驱逐舰成功地进行了风筝飞行试验。尽管一些部门对此表示怀疑并设置障碍，但英国“威严”号和“复仇”号战列舰、“好望”号大型巡洋舰以及“桃瑞丝”号二等巡洋舰还是冲破种种阻力，安装了风筝飞行系统。科迪从1907年开始又进行了一系列深入的试验，但到了1908年底，却得到官方通知称，海军大臣们无意将载人风筝装备皇家海军。这真是科迪的不幸，因为就在此时，动力航空器即将问世，并且前景看好。

1911年，美国海军也开始进行载人风筝飞行试验，使用的是塞缪尔·伯金斯设计的风筝，参加试验的军舰是“宾夕法尼亚”号装甲巡洋舰，它曾完成了第一次动力航空器着陆试验。1911年

左图：法国海军“闪电”号鱼雷艇母舰能够搭载10艘小型鱼雷艇。它后来被改装成一艘水上飞机母舰，参加了第一次世界大战。

1月24日，飞行试验在南加利福尼亚海岸的圣巴巴拉海峡进行，最后，尽管试验取得了成功，但美国海军并没有进行任何后续试验。1911年8月，法国海军也在“埃德加·基内特”号装甲巡洋舰上进行了风筝飞行试验。设计者是陆军工程师雅克·萨克尼上尉，他的风筝与科迪的风筝非常相似。同样，他也得到了一次仅仅出于同情心的听证会，他的风筝系统自然地也被束之高阁。

不管当时这些发展多么激动人心，但它们还是缺少动力飞行所具有的机动灵活性，因此不难理解，海军在当时为什么对飞机更感兴趣。早在1909年，克莱门特·阿德就在他的《军事航空》一书中谈到，军舰不仅仅需要具备操纵气球或风筝的能力，更应当具备操纵动力飞行器的能力。他不仅预见到飞机将在军舰上进行起飞和降落，同时还预言到：为了起降飞机，军舰需要有宽大通畅的甲板、甲板升降机、偏向一侧的岛形上层建筑、保护飞机的机库以及较高的航速等。

下图：1911年1月18日，飞行员尤金·伊利在美国海军“宾夕法尼亚”号装甲巡洋舰的舰尾平台上降落。

不幸的是，当时那些制造粗劣的飞机几乎无法从舰船上起飞，更谈不上在舰上降落。如果要进行这类危险行动，飞行员则要求舰船要么在港内停泊，要么缓慢行驶，从而避免撞上风旋。然而，阿德的这一预言又被法国军界忽视了10年之久，而在此期间，英美两国却在全力以赴地进行这方面的试验。到了20世纪初期，动力飞行的快速发展压倒了气球的飞行，成为最具前途的发展方向。英、法、德、美等国均对动力航空有着极大的兴趣，其中，拥有世界最强大海军力量的英国则希望走在世界航空发展的最前面。

早期的需求及试验

从德雷克和纳尔逊时代开始，海军就一直需要拥有能够出海实施侦察任务的舰船。毕竟肉眼观察的距离是有限的，同时，即使是目光最锐利的瞭望员，站在桅杆的最顶端，再配备上功能最强大的双筒望远镜，在理想的条件下，也只能观察65千米远（40英里）的距离。为了侦察敌人行动等重要情报，侦察巡逻船必须部署在巡逻线阵位上；为了对目标进行侦察，它们还必须接近到能够彼此交换信号的视距上进行查证。20世纪初期，无线电的发明减少了对于视距信号的依赖，但一艘战舰依旧无法观测到视距以外的任何东西。

1908年，为了对远距离敌方目标实施侦察，美国海军决定从一艘战列舰上起飞一架飞机，但由于美国海军还没有自己的飞机，因此，这项计划直到1910年也毫无建树。美国海军作出这样的决定是因为获悉了这样一则消息：德国将在“汉堡—美洲”的航线班轮的前甲板上配置一架飞机，用来加快向纽约投送邮件的速度。由于当时的国际局势日益紧张，美国海军怀疑德国军方是在利用邮件投送做掩护来试验进攻美国的新方法。因此，1910年11月9日，美国海军决定在“伯明翰”号轻巡洋舰的舰首位置建造一个飞行平台。

然而，负责该项计划的钱伯斯海军上校在寻找飞行员方面遇到了很大的困难，甚至比寻找一艘舰船还难。在与威尔伯·莱特等人会谈之后，他意外地碰上一位名叫尤金·伊利的飞行员，他此前在“格伦·柯蒂斯”号飞船上进行过特技表演，伊利非常热情地接受了这一挑战。在当时的形势下，由于“汉堡—美洲”班轮也要进行类似的试验，而飞行员也是一名美国人，因此，美国海军特意指示不惜一切代价加快速度，以期尽早进行试验。为此，诺福克海军造船厂周末连续工作，终于建成一个长25米、宽7米（83英尺 × 24英尺）的飞行平台。1910年11月14日，伊利驾驶一架推进式双翼飞机从“伯明翰”号上起飞，很快便消失在薄雾之中，最后降落在4000米开外的切萨皮克湾。

接下来，美国海军开始实施一项更加雄心勃勃的计划。他们在“宾夕法尼亚”号大型装甲巡洋舰上配置一条大约长37米（120英尺）、宽9米（29英尺）的斜坡降落甲板。该甲板建造在舰船

下图：“伯明翰”号上用于试验的场景。

尾部，这样一来，伊利就可在“宾夕法尼亚”号顶风慢速航行的情况下驾机降落。为了帮助飞机减速，美国海军在该舰船甲板上安装了22条装满沙袋的横向拦阻索。1911年1月18日，天气非常恶劣，“宾夕法尼亚”号舰长认为这样的天气不适合舰船活动，坚持停泊在港内。海风是从舰尾方向吹来，这种状况对于任何飞行员来讲都是很糟糕的。尽管有如此之多的困难，伊利还是成功地实施了驾机降落。他在对准跑道的一刹那关掉了引擎，尾风把他吹过了11根拦阻锁。他在离跑道尽头不到10米（33英尺）处最终停止下来。

在经历了这次成功之后，美国海军决定对此进行评估，最后得出的结论是：培训足够的飞行员以及购买所需飞机需要很长的时间。由于当时的飞机缺少同母舰或岸上基地进行联系的通信手段，又没有比手榴弹威力更大的任何武器，所以这些飞机暂时没有适合的战术任务。在这种情况

技术参数

“欧罗巴”号

排水量：8945吨（8805长吨）

舰长：123米（403英尺）

舰宽：14米（46英尺）

吃水：7.6米（25英尺）

动力装置：单螺旋桨，垂直三联式发动机

航速：12节

武器装备：2门30毫米（1.2英寸）口径防空火炮

人员编制：394人

飞机：8架

下图：1915—1918年，意大利海军“欧罗巴”号水上飞机母舰在亚得里亚海服役。该舰共搭载8架飞机。

下，人们自然地把注意力转移到水上飞机（也叫做飞行艇或水上飞艇）上来。这些水上飞机有些是专门设计的，有些是标准陆上飞机，它们都装备了漂浮袋。1911 年 2 月，著名设计师格伦·柯蒂斯的一架水上飞机从“宾夕法尼亚”号上起飞，然后降落在母舰的一侧，后来被打捞到母舰甲板上。1914 年 4 月，美国同墨西哥发生战争，美国海军派出了 6 架（总共 12 架）水上飞机，由“密西西比”号战列舰搭载前往韦拉克鲁斯。这些飞机为登陆部队提供了极具价值的空中侦察情报。在战斗中，尽管有一架飞机被炮火击中，但最终还是安全地飞了回来。

英国皇家海军对发展海军航空事业也表现出了极大的热情，于 1909 年初专门拨款建造了“蜉蝣”号硬式飞艇。他们之所以这样做主要是受到了德国的影响：德国对齐柏林伯爵的可操纵飞艇很感兴趣。但没过多久，英国就改变了发展方向。1911 年 9 月，“蜉蝣”号在离开机库准备进行首次

左图：1912 年 1 月 10 日，C.R. 桑普森中尉正准备从锚泊在希尔内斯的英国皇家海军早期无畏舰“非洲”号上进行第一次起飞。图中是一架“肖特”S.27 型飞机。

飞行时失事，从而导致了“海军飞船部”的解散，其5名军官获准作为飞行员继续进行训练，另外两名军官也自费学习飞行。

1911年11月18日，英国皇家海军奥利弗·施沃恩中校进行了首次水上飞机起飞试验，但不幸的是，该架飞机在试图进行水上降落时坠毁。两周后，皇家海军亚瑟·朗莫尔中校成功地完成了一架短程S27飞机的水上降落。此外，皇家海军查尔斯·桑普森中尉对伊利的壮举顶礼膜拜，1912年1月10日，他驾机从英国“非洲”号战列舰的前甲板平台上成功起飞。4个月后，他再次进行飞行试验，这次是从正在韦茅斯湾参加检阅的“爱尔兰”号和“伦敦”号战列舰上起飞的。1912年5月，英国迈出了飞行史上重要的一步——英国国防委员会下令组建一支航空部队。根据安排，皇家飞行团的两个航空联队将共同负责陆上和海上作战任务。到1914年，由于认识到海军航空联队所承担的不同作用，人们将其命名为“皇家海军航空兵部队”。

1912年底，海军部下令将老式“竞技神”号轻巡洋舰改建成一艘搭载海军飞机的母舰，飞行甲板建在船头，停机待命甲板建在船尾。在初

上图：英国皇家海军“本·麦·克里”号水上飞机母舰前身是一艘定期班轮，于1915年被改建成为军用舰船。在达达尼尔海峡战役中，它所搭载的一架S-184型水上飞机使用鱼雷击沉了一艘土耳其运输船。

期的一次试验中，搭载了一架折叠翼飞机，这在一定程度上预示了舰载飞机的未来发展方向。在当时，新任英国海军部第一海务大臣的温斯顿·丘吉尔认为，“水上飞机”的名称不应当使用“hydro-aeroplane”这个笨拙冗长的表达法，他坚持将“seaplane”作为“水上飞机”的官方术语。“竞技神”号轻型巡洋舰进行了大量的飞行试验，甚至还包括了法国飞机的试飞。1913年，该舰还参加了当年的年度演习。鉴于“竞技神”号试验所取得的巨大成功，英国皇家海军又购买了一艘商船船体，并将其改装成一艘水上飞机母舰。

这艘新型母舰的设计非常新颖，起飞系统采用了轻型轮式电车，当飞机起飞后，该电车就被丢弃；它还有专门的货舱、车间以及用于上下运送飞机的升降机。温斯顿·丘吉尔将其命名为“皇家方舟”号，这是一个不同凡响、意味深长的名字，1588年以来，这个名字从未被使用过，但选择这个名字的确是充满了灵感。

正如前面所谈到的那样，德国人对于大型飞船非常偏爱。在这种飞船的正侧面，悬挂着当时非常昂贵的大型炸弹，但炸弹垂直的外形对飞船的起飞产生了很大的影响，就更谈不上稳定性了，尤其是在强风的情况下。1913年，意大利人在“但丁”号战列舰上搭载了一架水上飞机，但没有进行进一步的试验。与之相反，法国人对此却非常热衷，并改装了“闪电”号，专门用于搭载水上飞机。“闪电”号1912年开始服役，并于1913年参加了一系列演习。日本人也不例外，选择了一条同样的发展道路，他们于1913年底对一艘商船进行了改装，用来搭载两架水上飞机和另一对飞机的散件。

就在这些早期的航母技术飞速发展的同时，欧洲的紧张局势也在日益升级。在第一次世界大战爆发前的最后几个月内，那些海军强国均暴露出其真正目的——进行飞机试验并非为了开展技术研究，而是为了将其用于战争。在日益迫近的世界战争的刺激下，飞机的发展尽管不会一帆风顺，但必将得到非常迅速的发展。

1914年8月，第一次世界大战爆发，英国陆军几乎把所有的飞机都派到了法国。接下来，他们又将下辖6架飞机的一支皇家海军航空兵部队的水上飞机中队部署到法国的敦刻尔克，由中队司令辛普森指挥。这样，英国本土防空就陷入了完全瘫痪状态，因此防空任务部分落到了皇家海军航空兵部队的头上。当时德国还没有制订出轰炸英国的短期计划，正因为如此，英国皇家海军飞行员才能有充分时间探索如何与舰队进行协同作战的方法。

当时，英国还没有建造“皇家方舟”号，因此，海军部征用了3艘往返海峡之间的班轮并将

上图：“新墨西哥”号战列舰上的水兵和陆战队员兴致勃勃地观看德国主战舰驶向苏格兰斯卡珀湾，那是他们向盟军投降的地方。

其改装成水上飞机母舰，它们分别是“女皇”号、“恩格达恩”号和“里维埃拉”号螺旋桨轮船。以上 3 艘船的航速很快，这是航空母舰必须具备的一个特点；在对散步甲板和救生艇甲板进行清理之后，甲板上腾出了一个很大空间，用来建造帆布机库，搭载 4 架水上飞机。在当时，这些水上飞机母舰存在的一个主要缺点是航程较短，而且当航空母舰与敌军距离较近时，水上飞机的回收和起飞的程序相当烦琐。尽管存在着这样的缺点，英国皇家海军还是利用它们发动了历史上首次航空母舰舰载机的空袭行动：1914 年圣诞节，英国皇家海军袭击了德国库克斯港“齐柏林”飞艇基地。在此之前，驻扎在比利时的英国皇家海军航空兵部队的飞机还轰炸了杜塞尔多夫、汤登和腓特烈港的“齐柏林”硬式飞艇仓库。早在同年 10 月 25 日，英国海军就准备攻击库克斯港，但由于海上气候恶劣、水上飞机无法起飞而暂时放弃。在圣诞节的空袭行动中，英国皇家海军哈里奇分舰队的轻巡洋舰和驱逐舰担任护航任务，在 9 架舰载水上飞机中，有 7 架顺利升空，最后只有 3 架返回航空母舰。轰炸行动本身并不成功，目标确认技术仍不成熟，飞机的轰炸也未对基地造成破坏。尽管这种作战方式存在着种种缺陷，却具备很大的发掘潜能。在英国大舰队总司令的要求下，皇家海军准备购买一艘速度更快、船体更大的舰船。当时，英国科纳德航运公司的“坎帕尼亚”号班轮行将报废，这艘班轮船体很大，航速很快，可以满足舰队需求，其所携带的燃煤足以满足穿越大西洋的动力需要。

第一艘舰队航空母舰

在“坎帕尼亚”号班轮的改装过程中，英国海军拆除其上层甲板，并在前甲板改建了一个斜形滑道，供水上飞机起飞使用。1915 年 4 月，这

下图：法国北部上空，戴维·S. 英格斯上尉在一次空中作战中击落德国侦察氢气球。

艘航空母舰加入英国皇家海军大舰队服役，它可以搭载10~11架飞机，并可携带8枚35.6厘米（14英寸）口径鱼雷。后来，设计者们用两个上升烟道取代了“坎帕尼亚”号的前烟囱，飞机的跑道因此得以加长，跑道的下降角也得以减小。尽管“坎帕尼亚”号陈旧的机械装置令人担忧，但它还是可以满足舰队的基本需求，而且，它毕竟是皇家海军的第一艘“舰队航空母舰”。为了对付“齐柏林”硬式飞艇的空中侦察，该艘航空母舰还需要配备战斗机，因为战斗机不仅飞行速度快，而且飞行高度比重型水上飞机更高。最初，这艘航空母舰装备了索普威斯公司制造的单座侦察机和S－184型水上飞机，后来又配备了该公司的“倨傲者”式双座侦察机。

为了改装更多的水上飞机，英国海军部征用了3艘续航能力更强的汽船，并将其改装成航空母舰，它们分别是“本·麦·克里”号、“马恩岛人”号和“温迪克斯”号。此时，“皇家方舟”号也加入了舰队，被派往地中海执行达达尼尔海峡远征任务。在达达尼尔海峡，“皇家方舟”号搭载的8架水上飞机多次执行侦察任务，并为战舰炮火引导目标。尽管设计先进、配备优良，但其航速却很慢。到了1915年中期，它被航速24节的“本·麦·克里”号航空母舰所代替。1915年8月12日，“本·麦·克里”号航空母舰在世界海战史上留下了一笔纪录：它的1架S－184型水上飞机在马尔马拉海海域用鱼雷攻击了一艘大型土耳其运输船；5天后，它的两架水上飞机将敌军的1艘支援舰和1艘拖船击沉。

为支援“本·麦·克里”号航空母舰，英国将俘获的“安”号和“雷文二世”号德国战舰改装成水上飞机母舰，组建一支小型特混编队，由联队司令辛普森指挥，部署到东地中海和红海海域，其主要任务是破坏土耳其的海上交通线。1915年，为阻止土军对盖利博卢半岛守军的补给供应，这支特混编队攻击了位于马尔马拉海海域的土耳其运输队。达达尼尔海峡战役结束后，该编队又前往其他海域执行了一系列战任务。1917年，在卡斯特勒里苏岛附近，土耳其海岸炮兵出其不意地击沉了“本·麦·克里”号航空母舰。1918年1月，土耳其“亚维兹”号战列巡洋舰在顺利完成一次打击任务后，搁浅在达达尼尔海峡附近。此前，这艘“亚维兹”号战列巡洋舰就像德国的“戈本”号战列舰一样，在促使1914年8月土耳其参战的问题上扮演了重要的角色。这一次，面对一个如此诱人的、绝对不容错过的攻击目标，英国皇家海军派出了“皇家方舟”号和“马恩岛人”号两艘航空母舰执行该项任务。尽管它们向“亚维兹”号战列巡洋舰投放了总计15.24吨（15长吨）的炸弹，但由于29.5千克（65磅）

和51千克（112磅）重的炸弹威力太小，无法对“亚维兹”号造成致命的破坏，所以，唯一的选择是用鱼雷实施攻击。但众所周知，35.6厘米（14英寸）口径的鱼雷威力同样很小，无法对该舰形成沉重打击，而45.7厘米（18英寸）口径的鱼雷又太重，尽管经过一再的努力，水上飞机仍然无法携载这种重达454千克（1000磅）的鱼雷起飞。英国空战史对这件事是这样描述的：

“不尽如人意的是，携载鱼雷的S — 184型水上飞机只能在理想的天气条件下从水上起飞，其进行起飞的条件是：海面要求比较平静、发动机运转状态必须恰到好处。此外，其携带的鱼雷重量限制了燃油携带量，所以飞行时间不能超过45分钟。这就是为什么进行了大量的鱼雷攻击，而只有3枚鱼雷击中目标的原因。”

意大利海军主要作战区域是亚得里亚海海域，陆基飞机可以轻而易举地在该区域完成巡逻任务。即便如此，任何一支有着航空意识的海军都不会忽视舰载机这种先进的作战及巡逻手段，因为它不仅可以延长飞机航程，同时风险性又很小。经过旷日持久的皮亚韦和伊松佐战役，海上国家开始意识到急需发展气球，用来引导海上和陆基远程火炮对目标实施攻击。1916年，意大利海军对两艘武装气球驳船进行了改装。而在此之前的

下图：在1918年11月停战前夕，英国皇家海军“百眼巨人”号航空母舰的伪装一直使人迷惑不解，其绰号“飞行岛”就是因其外表而得来的。

1915年，他们还实施了另一项雄心勃勃的计划，将一艘6500吨（6400长吨）的商船改装成“欧罗巴”号水上飞机母舰，并于1915年开始服役。“欧罗巴”号搭载8架水上飞机（2架侦察机和6架战斗机），前后甲板分别建有一个大型机库，最大理论航速12节。1915—1916年，它被部署到意大利的布林迪西驻防；1917—1918年，它又被部署到发罗拉。

与此同时，沙皇俄国也希望在其已有的气球母舰成功经验的基础上发展水上飞机母舰。为此，沙俄海军于1913年购买了3 860吨（3 800长吨）的“亚历山德拉女皇”号商船，将其改建成一艘水上飞机母舰，建有两个机库，搭载4架水上飞机，另有1架备用飞机。1915年2月，这艘重新命名为“奥莉莎”号的水上飞机母舰开始服役并部署到波罗的海，紧接着于1916年参加了库尔兰和芬兰湾的军事行动。在1917年俄国革命发生后，它被封存起来。从1923年开始，它又重新开始从事商业航运。

1913年，沙俄黑海舰队从英国购进两艘大型货船，并把它们改装成“航空巡洋舰”。改建工作从1914年开始，于1915年11月底完成。此二舰

右图：英国“本·麦·克里”号（如图所示）、“马恩岛人”号和“温迪克斯”号航空母舰与早期改装的大部分航空母舰不同，其飞行甲板建在舰首。

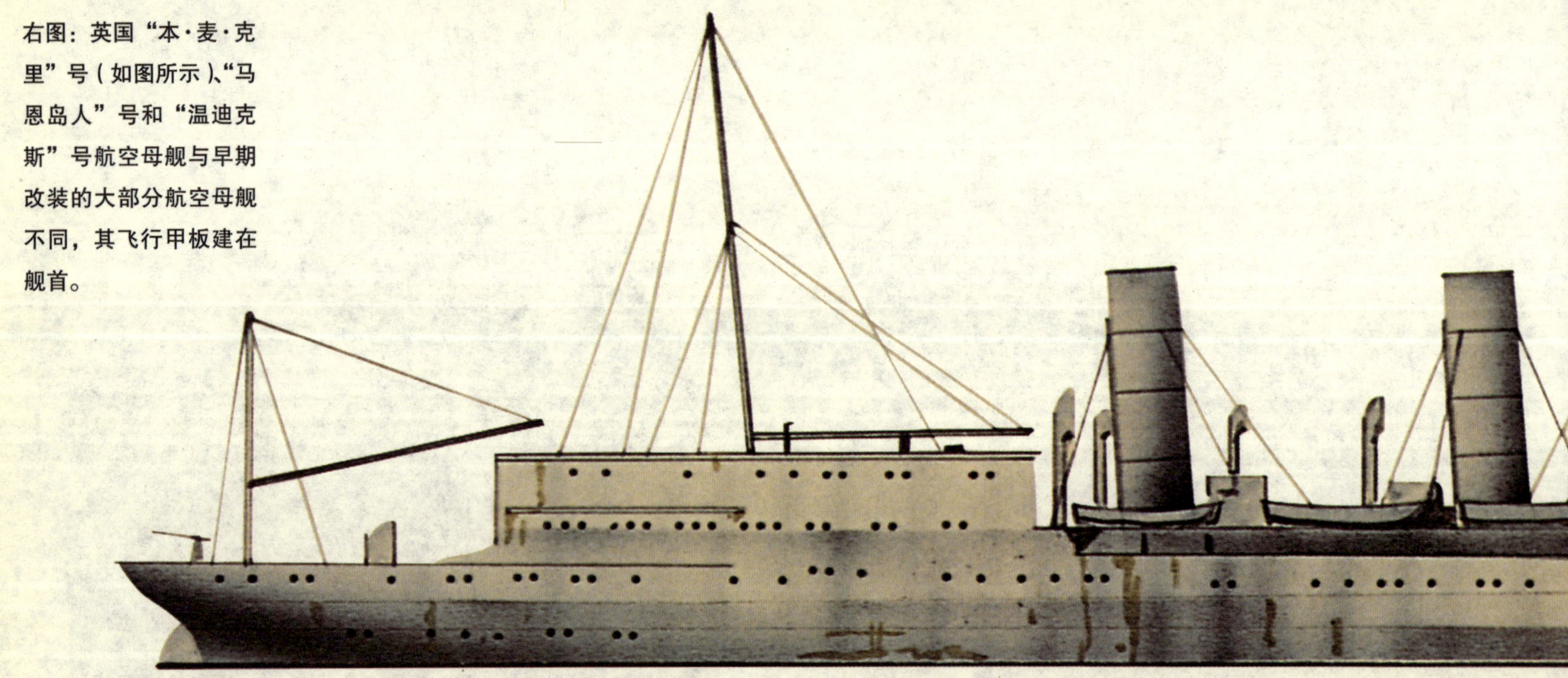

在舰尾各建一个飞行甲板，舰首各建一个大型机库，可容纳 6 ~ 8 架水上飞机。最后，这两艘舰船被命名为“沙皇亚历山大一世”和“沙皇尼古拉一世”号，编入黑海舰队服役。1916 年 2 月，它们参与了对黑海南岸的土耳其宗古尔达克煤港发动的袭击。在舰炮实施猛烈轰击之后，水上飞机母舰的舰载机向港内投掷了 38 枚炸弹，德国“厄明加德”号近海船被击沉，这是一战期间在空袭中被击沉的最大一艘商船。1916 年，沙俄黑海舰队向罗马尼亚政府租借了 3 艘 4 572 吨（4 500 长吨）的商船，并将其改装为航空巡洋舰“戴基”号、“图拉真皇帝”号和“罗马尼亚”号。1918 年 4 月，这 3 艘军舰在塞瓦斯托波尔和新罗西斯克被德军俘获。在一战停战时，它们又落入协约国集团之手，随后物归原主。

对“齐柏林”飞艇构成威胁

在北海海域，海军航空技术同样也在突飞猛进。无处不在的“齐柏林”硬式飞艇对英国造成了极大的危害，它不但对平民目标进行轰炸，同时还对试图同德国公海舰队进行决战的英国大舰队的行踪进行了严密的监视。

技术参数

“本·麦·克里”号

排水量： 3942吨（3880长吨）

舰长： 114米（375英尺）

舰宽： 14米（46英尺）

吃水： 5.3米（177英尺6英寸）

动力装置： 双螺旋桨涡轮机

航速： 24.5节

人员编制： 250人

舰载机： 4架

蒂里特准将麾下的哈里奇分舰队首先对“齐柏林威胁”采取了行动。哈里奇分舰队由轻型巡洋舰和驱逐舰组成，这些舰船的基地位于英国东海岸。1915年年初，许多巡洋舰在舰首的15.25厘米（6英寸）口径舰炮上面建造了一个斜型跑道，以便法国生产的单翼战斗机起飞，但试验失败了，因为这种小型单翼飞机无法快速爬升并拦截“齐柏林”硬式飞艇，而且一旦达到最大高度，这种飞机的发动机就会失灵。在当时，尽管英国发明了一种可用来对付部署在西线的侦察飞艇的燃烧弹，但直至一种可从舰船上起飞的高性能飞机被研制出来之前，还没有办法摧毁“齐柏林”硬式飞艇。

下图：由于舰载无线电设备出现故障，英国皇家海军“恩格达恩”号航空母舰曾坐失了向上级报告德国公海舰队行踪的良机。这是该舰1918年在斯卡帕湾时的场景。

1915年11月3日，一架配备浮囊的“布里斯托尔”C型“海鸟”侦察机从“温迪克斯”号航空母舰起飞，这是从航空母舰甲板起飞的第一架轮式战斗机。1916年5月4日，11架飞机从“温迪克斯”号和“恩格达恩”号上起飞，准备对位于汤达恩的“齐柏林”飞艇机库实施轰炸，但随后出现的一系列故障使得这次行动破产，最后仅有1架飞机顺利抵达目标，但仅仅发现了灰雾蒙蒙中的机库，除此之外别无收获。5月底，日德兰海战终于打响了，在这次战役中，英国大舰队总算与德国公海舰队首次进行了大规模海上交锋。当时，尽管“恩格达恩”号和“坎帕尼亚”号航空母舰均在英国海军服役，但一系列的阴差阳错最终使它们未能成为这次战役的主角。

根据作战计划，“坎帕尼亚”号水上飞机母舰归属主力舰队指挥，而航速较慢的“恩格达恩”号航空母舰则配属在战列巡洋舰部队。1916年5月30日傍晚，英国大舰队从斯卡帕湾起航，“恩格达恩”号航空母舰按计划随同出海，而“坎帕尼亚”号航空母舰却没有接收到起锚的信号，仍然停靠在斯卡帕湾北岸的遥远码头。当它第二天离港出海时，已被甩下很远的距离，根本无法赶上主力舰队。5月31日下午，一架S－184型水上飞机奉命从“恩格达恩”号起飞对敌实施空中侦察，机长拉特兰德空军上尉和该机观察员向母舰“恩格达恩”号发回3份敌情报告，但其舰载无线电设备花费很长时间才将信息传送给“狮”号旗舰，为时已晚，英军舰队参谋人员废弃了这些报告。

1916年年底，英国皇家海军在奥克尼郡召开一次重要的参谋会议。鉴于日德兰海战留下的诸多遗憾，这次会议达成了要在海战中更多地发挥飞机优势的共识。为此，皇家海军首先创建了一个“大舰队飞机委员会”，由伊万·托马斯海军少将领导，负责实施这次会议所确定的方针。在当时，英国大舰队新任总司令坚持认为：皇家海军的当务之急就是建造出能够“对抗‘齐柏林’硬式飞艇的飞机”和搭载该种飞机的航空母舰。

然而，飞机委员会却将目光瞄准了比较“大型”的“暴怒”号轻巡洋舰，该舰由位于泰恩河的阿姆斯特朗公司下属的埃尔斯威奇造船厂负责建造。1915年，“暴怒”号开工建造，当时，它简直可以说是一件奇异的“混合物”：航速31节，装备2门45.7厘米（18英寸）口径火炮，装甲厚度与轻巡洋舰相同。1917年3月，在经过激烈辩论之后，委员会同意放弃在“暴怒”号舰体前部安装45.7厘米（18英寸）口径火炮炮塔的方案，代之以一个可容纳4架单座战斗机和4架双座侦察机的机库；此外还铺设了一座长69.5米（228英尺）的起飞平台，从机库顶部一直延伸到船头。除此之外，舰船其他部位未做改动。1917年6月底，“暴怒”号顺利竣工。

英国皇家海军“暴怒”号舰载机大队由14名军官和70名士兵组成，具体由航空兵部队指挥官欧内斯特·邓宁负责指挥。最初，该舰只配备了3架“S”式水上飞机和5架索普威斯公司制造的“幼犬”式飞机。邓宁认为，在适当的强风条件下，飞机在航进中的航空母舰上实施降落是可能

左图：“暴怒”号可能是第一次世界大战期间最先进的英国航空母舰，该舰加入现役的目的是为了克服当时水上飞机母舰的数量不足，早期试验是在舰尾着舰甲板安装有纵向钢索，以便在飞机着舰时阻挡飞机继续前行，同时使用带有沙袋的飞机制动索。舰上最先进的装置是电动飞机升降机，一台在前部一台在舰尾，能够将飞机从甲板下方的机库内移进移出。

的。如果能够得以实施的话，就会改进美国人伊利所创造的飞行技术。

8月2日，在风速达21节的情况下，邓宁逆风驾驶飞机并与航速10节的舰船保持平行飞行。在关闭“幼犬”式飞机引擎的同时，他在飞机库上方侧滑，然后对准飞行跑道中央，与此同时，舰上操纵员成功地抓住了机翼后缘的特制橡皮套环，使飞机安全着陆。在海军历史上，这是飞机第一次在航进中的战舰上成功降落。5天后，邓宁又进行了一次同样的降落试验，但就在试图着舰的过程中，飞机的一个升降舵遭到损坏，在接下来的第二次降落尝试中，“幼犬”式飞机的发动机突然停止工作，飞机翻着跟头坠到了“暴怒”号右侧的海水里，这位勇敢的飞行员在被救上来之前就被淹死了。

下图：1917年8月，在英国皇家海军“暴怒”号航空母舰上所进行的舰载机降落试验中，邓宁中校驾驶“幼犬”式飞机在第三次降落尝试失败之后，机毁人亡。

显而易见，在舰船航行状态下进行飞机降落只能由技艺超群的飞行员来完成，因此邓宁的悲剧也就结束了此类试验。9月，英国海军作出了一个重大的决定，要对“暴怒”号进行更大程度的改装，用一个降落甲板来取代船尾部的炮塔，另外还要加宽舰体。“暴怒”号的大型烟囱和舰桥均位于舰体中央，它们所产生的热气流势必会使飞机的降落变得异常危险，这是该舰的一个致命的缺陷。在母舰上，人员要通过连接两个甲板区的过道与飞机进行联系，这样，飞机在降落后就能被移到前甲板。根据要求，烟囱和三脚架桅杆必须改建。1918年初，当“暴怒”号水上飞机母舰再次服役时，飞机降落仍然面临很大危险，这样就使舰载机不得不使用那种原始的降落方式，这虽然很昂贵但比较安全——飞机首先“溅落”在水中，而后再将它们打捞上来。

截至1918年6月，“暴怒”号舰载机大队共有索普威斯公司14架“倨傲者”式和8架“骆驼”式飞机，其中，后者专门用来对付德军的“齐柏林”硬式飞艇。在驱逐来袭的德国水上飞机的行动中，这些英军舰载机证明了自身的价值，不过有点大材小用。接下来，根据海军部的命令，

“暴怒”号水上飞机母舰奉命对汤登地区德军实施攻击，在海战史上，这是舰载机首次对陆地目标实施的攻击。7 月 18 日，在轻巡洋舰和驱逐舰的护航下，“暴怒”号驶入位丹麦外海的距离目标 129 千米（80 英里）的攻击阵位。正当攻击行动即将展开时，一场暴风雨不期而降，英国皇家海军不得不决定暂时中止行动。不过看起来，德国人似乎并未察觉英军的作战企图，所以此次行动只是被推迟了 24 小时。凌晨 3 时 13 分，英国皇家海军再次发起了攻击——这一次总算没有发生意外——一架“骆驼”式飞机从航空母舰上起飞，拉开了此次空中打击行动的帷幕。

此次轰炸目标是德国海军飞艇师指挥部，该指挥部拥有 3 个大型“齐柏林”硬式飞艇机库，分别是：239 米（787 英尺）的托斯卡机库（内有“L .54”号和“L .60”号飞艇）、184 米（603 英尺）的托比亚斯机库和托里机库（机库内只有一只系留气球）。由于“骆驼”式飞机出其不意的袭击，使得德军防守部队仅有 3 分钟的预警时间。在对机库进行轰炸时，首批 3 架“骆驼”式飞机时而俯冲，时而拉起，它们投掷的炸弹直接命中机库，点燃了两架“齐柏林”硬式飞艇气囊中的氢气。值得德国人庆幸的是，由于机库门是敞开的，因此大火并没有将机库完全烧毁。但据目击者称，“L .54”和“L .60”号飞艇上的大量燃烧的木料冒出滚滚浓烟，直冲 300 米（1000 英尺）的高空。10 分钟后，第二批 3 架“骆驼”式飞机对托比亚斯机库发起了进攻，最后虽然将气球摧毁掉了，但附近的一个氢气筒却安然无恙。

上图：索普威斯公司的“骆驼”式侦察机

上图：英国皇家海军“百眼巨人”号航空母舰从一艘尚未建成的班轮改装而成，于 1918 年 9 月编入舰队服役，是世界上第一艘真正意义上的航空母舰。“百眼巨人”号的航速最高达 20 节，可以搭载 20 架飞机，一直服役到第二次世界大战结束。

舰载机的发展

在完成轰炸任务之后，6架“骆驼”式飞机开始返航。但由于距离母舰较远，有3架飞机的飞行员认为飞机所剩燃料无法支持返航，于是就降落在中立国丹麦，最后，只有两架飞机顺利返回了“暴怒”号水上飞机母舰，并安全“溅落”水面；然而，第6架飞机却再也没有出现。在“骆驼”式飞机起飞执行任务四个半小时之后，即清晨7时40分，“暴怒”号以20节的高航速返回母港。

从1916年开始，英国一直在对一艘意大利蒸汽班轮进行航空母舰改建，改建后的“百眼巨人”号新母舰将克服“暴怒”号所存在的缺陷。据悉，这艘蒸汽班轮于1914年开始建造，随后却停了工，直到1916年8月被英国购买后才又恢复建造工作，最后被改装成航空母舰。1917年12月底，“百眼巨人”号水上飞机母舰正式下水。最初，设计师们打算在该舰中线上建一个烟囱将前后甲板分隔开，但他们吸取了“暴怒”号的教训，在“百眼巨人”号上建了一个平甲板，这样，烟就从通向船尾甲板下面的管道中释放出去。这一系列的改造花了许多时间，直至1918年9月，“百眼巨人”号才正式编入舰队服役。

下图：经过第二次改装之后，英国皇家海军“坎帕尼亚”号航空母舰的前部烟囱被分开，从而为建造更长距离的起飞平台提供了空间。

日德兰海战之后，德国公海舰队竭力避免再次与英国大舰队发生正面冲突。于是，英国皇家海军开始考虑使用“杜鹃”式新型鱼雷机攻击防御严密的德军基地。可以说，“杜鹃”式鱼雷机的出现归功于马里·休伊特准将的深谋远虑和过人魄力。最初，休伊特同索普威斯公司签订了一份秘密备忘录，要求设计师研制一种可携带1~2枚鱼雷、续航力4小时的双翼飞机。同时，休伊特甚至在皇家海军尚未拥有弹射器的条件下，还探询了利用弹射器弹射鱼雷轰炸机的可能性。1917年6月，“杜鹃”原型机开始试飞，这种飞机在当时处于领先地位，它有折叠翼和很宽的起落架，有效荷载为一枚454千克（1000磅）、45.7厘米（18英寸）口径鱼雷。它之所以被命名为“杜鹃”，是因为杜鹃这种鸟擅长于把自己的蛋下到别人的窝里。

根据计划，英国皇家海军“百眼巨人”号水上飞机母舰将搭载20架“杜鹃”式飞机。到停战时为止，共有90架“杜鹃”式飞机交付使用。1919年初，这些飞机前往威廉港袭击在那里的德国公海舰队。虽然“杜鹃”飞机很快就停止了生产，但它是二战中取得巨大成功的鱼雷轰炸机的鼻祖。值得注意的是，日本于1922年购买了6架马克Ⅱ型“杜鹃”式飞机。

除了“百眼巨人”号之外，英国第二艘航空母舰也在建造之中。1917年4月，英国皇家海军决定建造“竞技神”号航空母舰，它将是世界上第一艘搭载常规飞机进行作战的战舰，排水量10 160吨（10 000长吨），其舰载机型号与“百眼巨人”号一样。但与“百眼巨人”号不同的是，其的岛形上层建筑和烟囱均建在右舷，这样一来就可建成一个全通飞行甲板。尽管“竞技神”号船体较小，但航速很快，高达25节，而且性能也非常先进。但直到1918年1月，这艘航空母舰才开始建造，并计划于1921年服役（实际上，该舰由于战后经济的衰退，直至1925年才服役）。

为了弥补这段时期的空白，1917年秋，英国海军部决定对一艘尚未完工的智利战列舰进行改装。在此前的1914年，该艘战列舰的建造工作中断，后来又重新开始。1918年2月，英国政府正式将其购买下来，并命名为“鹰”号。“鹰”号有着与“竞技神”号相同的特征，但由于该舰的舰体更大，其机库之大就可想而知了。1918年6月，“鹰”号正式下水，但由于战后海军工作延缓的原因，其服役日期同样也被拖延了。

1918年，尽管英国皇家海军航空兵部队的海航水平处于世界领先地位（皇家海军航空站于1918年4月1日被纳入了新成立的皇家空军中），但其他国家的海军同样也在积极探索有关飞机海上作战的方案。从1911年开始，美国海军就对弹射器表现出了浓厚的兴趣。同年，在纽约哈蒙兹波特的格伦·科蒂斯工厂，西奥多·埃尔里森上尉进行了首次简单的“加速器”起飞试验。但是，海军航空兵司令钱伯斯上校认识到了这种装置的不完善之处，并坚持自行研制了一种压缩空气弹

下图：1939年，第二次世界大战爆发前不久，“百眼巨人”号被改装成一艘训练航空母舰，可搭载20架水上飞机。

射装置。1912年6月，美国海军在安纳波利斯的桑蒂码头安装了这种“弹射器”的原型。在测试飞行中，由于该型弹射器加速太快，导致埃尔里森所驾驶的“科蒂斯”A－1型水上飞机的发动机失速，他差点因此送命。11月12日，在对这种弹射器进行调试之后，埃尔里森进行了弹射器起飞试验。1915年10月，一种弹射器试验模型被安装到美国“北卡罗来纳”号战列舰的后甲板上。同年11月5日，亨利·马斯廷海军少校驾驶“科蒂斯”AB－3型飞机在“北卡罗来纳”号上进行了首次弹射飞行。1917年初，“西雅图”号和“亨廷顿”号装甲巡洋舰也安装了类似的弹射器。尽管弹射器安装非常成功，但在美国参战后不久，它们就被拆除了，理由是它们影响护航运输队的护航支援。

尽管英国人非常钟爱侦察机和战斗机的起飞平台，但美国的成功经验也引起了他们的关注。1916年，他们将“投石者”号泥舱船改装成一艘弹射器试验船。由于弹射器的安装工作相当艰难，当时的改装者都认为，小型飞行平台已经足以满足飞机的起降需要。在这里，我们应当特别提到一种极具创意的想法，那就是用一艘驳船安装上索普威斯公司的“骆驼”式飞机的起飞平台并由一艘驱逐舰拖行。事实上，这种方法确实起到了

技术参数

“恩格达恩”号

排水量： 1702吨（1676长吨）

舰长： 96.3米（316英尺）

舰宽： 12.5米（41英尺）

吃水： 4.6米（15英尺）

动力装置： 三螺旋桨涡轮机

航速： 21节

武器： 2门10.2厘米（4英寸）

口径火炮： 1门6磅火炮

人员编制： 250人

舰载机： 6架

作用，1918 年，一架“骆驼”2F1 型飞机使用该方法击落了德军“齐柏林”L .53 号飞艇。哈里奇分舰队的其他驱逐舰也在后面拖着飞船和气球，气球主要为返航的“骆驼”2F1 飞机提供航标。1916 年 4 月，英国皇家海军在“E –22”号潜艇上安装了一个朝后的滑行跑道，用于起飞两架水上飞机，目的是探索将水上飞机送往黑尔戈兰岛地区，并对“齐柏林”硬式飞艇实施攻击的可行性，但该滑行跑道制约了潜艇性能的发挥。4 月 25 日，也就是试验失败的第二天，“E — 22”号潜艇被德军 U 型潜艇的鱼雷击中。此后，英国海军再也没有进一步进行过类似试验。

德国海军也进行了类似的试验。早在 1915 年 1 月，他们就对“U — 12”号潜艇进行了改装，并在潜艇的露天前甲板上搭载一架 FF.29 型水上飞机。这个改装构想是由卡皮坦勒特南特·沃尔特·福斯特曼和奥伯勒特南特·泽尔·西·弗里德利克·冯·阿诺德·德·拉·皮埃尔提出来的，其中，前者是 U 型潜艇指挥官，后者是位比利时海岸泽布吕赫的水上飞机分遣队指挥官。德国海军在肯特郡沿岸成功地进行了一次飞行，虽然这次飞行并未被英国人发现，但恶劣的海面条件却使这架飞机再也未能返回 U 型潜艇，它飞到了泽布吕赫。此后，德国当局不允许进行进一

左图：英国皇家海军“恩格达恩”号航空母舰的前身是一艘远洋蒸汽班轮，经过改装之后编入巡洋舰部队，后编入皇家海军大舰队赴北海海域服役。

步的试验，但这种构想在战争末期又被重新提了出来，这次是准备在最后一代U型潜艇上进行试验。1917年，德军在一艘“狼”号武装商用巡洋舰上搭载一架FF.33型水上飞机并进行了飞行试验。这种飞机被称为“狼崽”，它的主要任务是为“狼”号搜索攻击目标，它同时还装备了小型手投式炸弹。从1917年3月至1918年2月的这段时间内，“狼崽”飞机体现出了前所未有的价值，它帮助“狼”号潜艇击沉或俘获了6艘舰船。

1914—1918年，飞机对海战产生了深远的影响。尽管英美在第一次世界大战中所采取的军事行动并不像当时一些人所标榜的那样成功，但它们仍然为未来战争提供了值得借鉴的经验。例如，1914年，飞机技术并没有潜艇技术那样成熟，但到了第一次世界大战结束时，飞机的设计技术已经逐步趋向完善，海军的飞机已有了特殊使命。如果战争持续到1919年的话，也许飞机的技术会取得更大的发展。即便是这样，海军飞行员们已看到了未来的曙光，并且深信未来就掌握在他们的手中。

英国的风筝气球

英国海军航空母舰研究工作的最后一个方面也不容忽视。当时，他们建造了大量飞艇，但大部分都是小型的“软式飞艇”。虽然大部分飞艇都是从陆地升空，但也有少部分可从航空母舰升空。早在1914年10月，为支援皇家海军部队保卫安特卫普，英国就组建了一个海上气球分队，但在该气球分队抵达比利时之前，该港口已经沦陷。10月底，胡德海军少将要求将一些气球送到比利时沿岸，为英国老式战列舰和炮舰部队提供支援，为其轰击德军的右翼目标进行火力引导。12月4日，一支装备着布尔战争时期的球形气球的新建气球分队抵达敦刻尔克，但由于这些气球的不稳定性以及与舰船联系的复杂性，它们并没有派上太大的用场。截至1915年3月，英国仿造了大量德国的风筝气球（系留气球），并计划用皇家海军首艘气球船对达达尼尔海峡的舰炮轰击行动指示目标。由于盖利博卢半岛恶劣的自然条件和气候条件不适合陆基气球的操作，因此，英国皇家海军决定把气球装载在舰船上。

英国“莫妮卡”号商船已经有15年的历史，而皇家海军只花了17天的时间就完成了它的改装。该船前甲板建有一条长距离飞行平台，船上还安装了一个氢气压缩机和绞盘及操作员室。由于英国当时没有风筝气球，于是就向法国租借了一个这样的气球。1915年4月，“莫妮卡”号抵达穆德罗，并立即投入使用。由于在电话和无线电联系以及续航力方面具有很大的优势，因此在对目标的侦察中，这种风筝气球比“皇家方舟”号的水上飞机的效果要好。1915 年 9 月，“莫妮卡”号返回英国并再次进行改装，它的平台被一个井甲板所代替，同时该船还安装了水上飞机的操纵设备。在 1916 年 4 月至 1917 年 5 月期间，“莫妮卡”号参与了东非海岸的军事支援行动。

英国又相继改装了另外两艘航空母舰，它们分别是“赫克托”号和“斯巴达王”号，前者与“莫妮卡”号一道被部署在爱琴海，后者则被派到多佛尔巡逻队。1916 年，“牛津城”号航空母舰替换了“斯巴达王”号。“牛津城”号航空母舰是由一艘战列舰模型改装而成的。1915 年 10 月，“坎宁”号航空母舰在穆德罗替换了“莫妮卡”号航空母舰。1916 年 5 月，在萨洛尼卡战役结束之后，“坎宁”号航空母舰载着被英国军舰炮火击落的“齐柏林”L .85 号残骸返回了英国。后来，英国又改装了两艘小型舰船，一艘是“营救”号拖船，另一艘是“北极”号驳船。1917 年，“斯巴达王”号航空母舰退出现役，当时商船数量明显减少，但“坎宁”号航空母舰仍在大舰队继续服役，而“牛津城”号航空母舰又被改装成水上飞机母舰并部署到黎凡特。1915 年初，在东非的鲁菲吉河，英军另两艘大型武装商用巡洋舰“金福斯城堡”号和“喜马拉雅山”号（后者有一个临时帆布机库）上的舰载水上飞机对德国轻巡洋舰“柯尼斯堡”号实施了攻击。这两艘舰船的改装并没有引起海军航空历史学家的注意。

“莫妮卡”号和“斯巴达王”号在达达尼尔海峡取得的巨大胜利极大地加强了英国大舰队的战列巡洋舰部队司令的信心，于是在 1915 年秋，他要求使用气球进行侦察。英国海军利用“恩格达恩”号航空母舰，在福斯湾对侦察气球进行了试验，紧接着，他们在罗塞斯又建立了一支海军气球分队，由胡德海军少将指挥。1916 年 4 月，在经过一次大的改装之后，“坎帕尼亚”号航空母舰也可搭载法国的“M”型风筝气球。1917 年 5 月，英国海军命令对“勇敢”号和“光荣号”两艘轻型战列巡洋舰以及 4 艘轻巡洋舰和 3 艘驱逐舰进行改装，并配备了风筝气球和绞盘。1917 年 7 月，更多的驱逐舰和大量的小型护航舰都配备了气球，用于侦察敌人潜艇。1917—1918 年，美国海军和法国海军也采用了这种系统。

II 两次世界大战之间的航空母舰

尽管由于 20 世纪 20 和 30 年代席卷全球的经济危机的巨大冲击，世界各国的国防预算受到严重影响，延缓了相关的航空母舰建造计划，航空母舰设计工作还是取得了非常显著的进步。第二代航空母舰试验了航空母舰设计理念并将其付诸于实战。第三代航空母舰将设计工作向前推进了一大步，具备了许多新特点。

1918 年 11 月，随着第一次世界大战的正式结束，在世界海军航空力量发展领域内的许多雄心勃勃的发展计划也戛然而止。不管那些胜利者怎样诚恳地宣称自己如何地“铸剑为犁”，在停战之后不到一年的时间之内，这些昔日盟国之间隐藏的紧张关系就暴露出来了。例如，美国表现出一种新的自信，把自己当成世界的精神领袖，而其他国家则对这种自负非常不满，但一个不可否认的事实是——美国当时成为世界上最大的债权国。与此同时，美国国务院和美国海军均认识到，美国需要对英国这位昔日的海上霸主进行挑战，因此，美国将凭借其雄厚的工业基础来超越英国；同时，如果必要的话，美国也将对日本进行压制。

当时，在大英帝国丰富的资源及其全球海军基地链的有力支持下，英国皇家海军仍然是世界上最强大的海军。由于投资巨大，皇家海军在海军航空兵发展方面占有明显的优势，远远领先于其他国家的海军。但在历时 4 年的艰苦卓绝的战争之后，英国开始在财力上和精神上日益衰退和败落。与此相反，日本仍沉浸在胜利的喜悦之中——1904—1905 年，日本在与沙皇俄国的战争中取得了决定性的胜利；同时，在第一次世界大战期间，日本通过为欧洲盟国建造舰船和生产战争物资，也获得了极为珍贵的发展机遇，并且取得了辉煌的成就。

1919 年，在英国皇家海军航空兵所取得的巨大成就的影响下，日本帝国海军也开始研制和发展自己的航空母舰。日本人建造的第一艘航空母舰为“凤翔”号，在尺寸和航速上与英国“竞技

左图：美国海军“列克星敦”级航空母舰的理想视图。事实上，许多美国军官认为，该级航空母舰造价过于昂贵，而且舰体太大，不便操纵。

神”号航空母舰相近；但二者不同的是，“凤翔”号航空母舰在飞行甲板的右舷位置上建造的并非岛形上层建筑，而是3个小型斗状烟囱，这些斗状烟囱都装上了铰链，使它们在飞机进行起降时可以降至水平位置。在最初的设计中，“凤翔”号航空母舰曾计划建造一个岛形上层建筑，但在1923年初次试航后便被取消了。它在武备配置方面比较薄弱，只能搭载26架舰载机。在世界海军史上，由于“凤翔”号是在英国“竞技神”号之前抢先建造完成的航空母舰，因而它就成了世界上第一艘有着特定建造目标的航空母舰。

舰队需求

美国海军也受到了“竞技神”号航空母舰的启发。1917年，舰艇设计师斯坦利·古多尔被招至华盛顿，并暂时借调到海军建造和修理局工作。在这里，他不仅研究了“竞技神”号的详尽资料，而且还研究了英国从一战至今的丰富实践经验。1918年6月，美国海军航空兵主任要求提出一个航空母舰需求计划，斯坦利·古多尔应邀对此作评论，他在总结英国人的航空母舰发展观念时说：“这种型号的舰船对英国海军来说是必需的——一支舰队应当得到这样一种集侦察和作战功能于一身的武器（航空母舰）的支援——仅有4门10.2厘米（4英寸）口径火炮显然是不够的，航空母舰应该装备更多数量的火炮——最好是6英寸（15.25厘米）口径火炮，外加1~2门防空火炮。尽管这样一艘舰船并不能当做一艘作战舰船使用，但也应当装备足够厚的装甲，以抵御敌人轻型战舰的袭击。这样一来，就可以确保航空母舰舰载机在一个比较有利的阵位进行起飞。同时，航空母舰的速度最小不应低于30节。”

1920年7月，美国海军打算利用3年时间建造4艘航空母舰。但一年之后，美国海军开始重点讨论有关至少建造3艘航空母舰的计划。由于缺乏实战战术经验，美国海军不得不更多地依赖于军事演习，因此，他们将大部分注意力集中在海军战争学院的研究成果之上。在1922年举行的一次听证会上，美国海军通报了有关此前一年所进行的航空母舰作战模拟演习的情况。在当时看来，所有这些演习均表明，航空母舰舰载机虽然不能主宰海战，但至少可以对其结果产生影响。

然而，美国海军规划者的步伐迈得太快了，国会决定对他们实施财政限制。此外，尽管美国在一战期间没有遭受多大的损失，但到了1919年，随着凡尔赛和会的召开——尽管与会各国在会议上均表达了进行裁军的美好愿望——美国人此后从国际事务中逐步退了出来。在当时，大西洋两岸学术界一致认为，刚刚过去的这次世界大战是由英德两国的军备竞赛引发的。此外，由于美国曾计划建设世界上首屈一指的强大舰队，该计划使得日本和英国均感到恐慌，二者随即制订出吨位更大的主力舰建造计划。早在1916年，美国就制订了这项宏伟的计划，但到了现在，美国人却将这项军备竞赛发展成为一项单方面的航空母舰设计竞赛，而就在此时，美国的航空母舰制造水平还远远比不上其潜在对手。

早在1918年8月，所谓的“古多尔建议”就规划出了有关航空母舰建造的初步方案：排水量22 353吨（22 000长吨），舰长244米（800英尺），能够搭载24架飞机。海军全体委员会希望该建造计划能够在1920财政年度获得国会批准。但在两个月后，有关航空母舰的规格进行了改动，排水量增加到24 385吨（24 000长吨），速度提高到35节，装备10门15.25厘米（6英寸）口径火炮。1919年3月，海军全体委员会决定将该航空母舰的武器增加到4门20.3厘米（8英寸）口径火炮、6门15.25厘米（6英寸）口径火炮、4具鱼雷发射管和4门10.2厘米（4英寸）口径防空火炮。鉴于该种大规模的武器配备，这艘航空母舰迫切需要一个更大的舰体，为解决这一问题并加快设计进程，全体委员会建议采纳35 358吨（34 800长吨）的战列巡洋舰设计方案，最终建成了排水量43 690吨（43 000长吨）的“列克星敦”级航空母舰。在该级航空母舰中，有2个岛形上层建筑，分别位于左舷和右舷；舰首、舰尾各配置1门20.3厘米（8英寸）口径火炮；舷侧和舰尾各配备1门15.25厘米（6英寸）口径火炮；标准排水量预计29 465吨（29 000长吨），航速35节，功率104 398千瓦（140 000马力）。

然而，美国国会始终在航空母舰建造问题上保持强硬态度，拒绝在1920或1921财年提供任何建设资金。其实早在1916年，国会对于建造常规海军水面舰艇的资金尚且不予批准，所以更不可能为航空母舰这一新生事物提供任何资金。这样一来，美国海军只能将一艘“朱庇特”号（AC.3）大型舰队运煤船改建成一艘试验性航空母舰。对此，海军全体委员会尽管很不满意，但

下图：1925年，英国皇家海军“暴怒”号航空母舰完成第三次改建。

还是接受了“有总比没有强”的观点。1920 年 3 月，该艘运煤船驶进诺福克海军造船厂进行为期 2 年的改装，其运煤用的塔式起重机被一个 163 米（534 英尺）的木制飞行甲板所代替，船舱改建成机库和油箱。为了纪念 1911 年海军航空事业的先驱者，该船被重新命名为“兰利”号（CV.1）。

在此期间，英国皇家海军“鹰”号航空母舰是另外一艘问世的航空母舰。正如我们前面所了解的那样，它是由 1918 年下水的一艘智利战列舰改装而成。与 1918—1919 年美国海军的航空母舰设计一样，它也有双岛形上层建筑，每个上层建筑上面有 1 个烟囱和 1 个三脚桅，它们之间有一座“舰桥”相连，舰桥上还建有 4 座 10.2 厘米（4 英寸）口径防空火炮和一个导航指挥室。但经过“暴怒”号航空母舰的实践以及风洞试验之后，双岛形上层建筑设计被最终取消，取而代之的是人们现在非常熟悉的右舷岛形上层建筑。与日本“凤翔”号航空母舰的小型上层建筑不同，英国航空母舰的岛形上层建筑很长，另外还建有 1 个重型前三脚桅和 2 个烟囱。据悉，该种结构是根据“暴怒”号舰长尼科尔森海军上校和皇家海军航空兵联队指挥官克拉克·霍尔海军上校的建议设计的。尽管英国海军部希望该艘航空母舰能够尽早服役，但它还是于 1920 年 4 月才开始试航。即使这样，它也只安装了 1 个烟囱和 2 个锅炉，升降机尚未安装，上层建筑仍未竣工，因此只能用做试验性飞行。不久之后，从“百眼巨人”号上拆迁过来一套新型纵向拦阻索，这是一组长 58 米

下图：20 世纪 20 年代初期，法国海军用战列舰改装的“贝恩”号航空母舰。该舰由于航速太慢，导致作战能力低下。

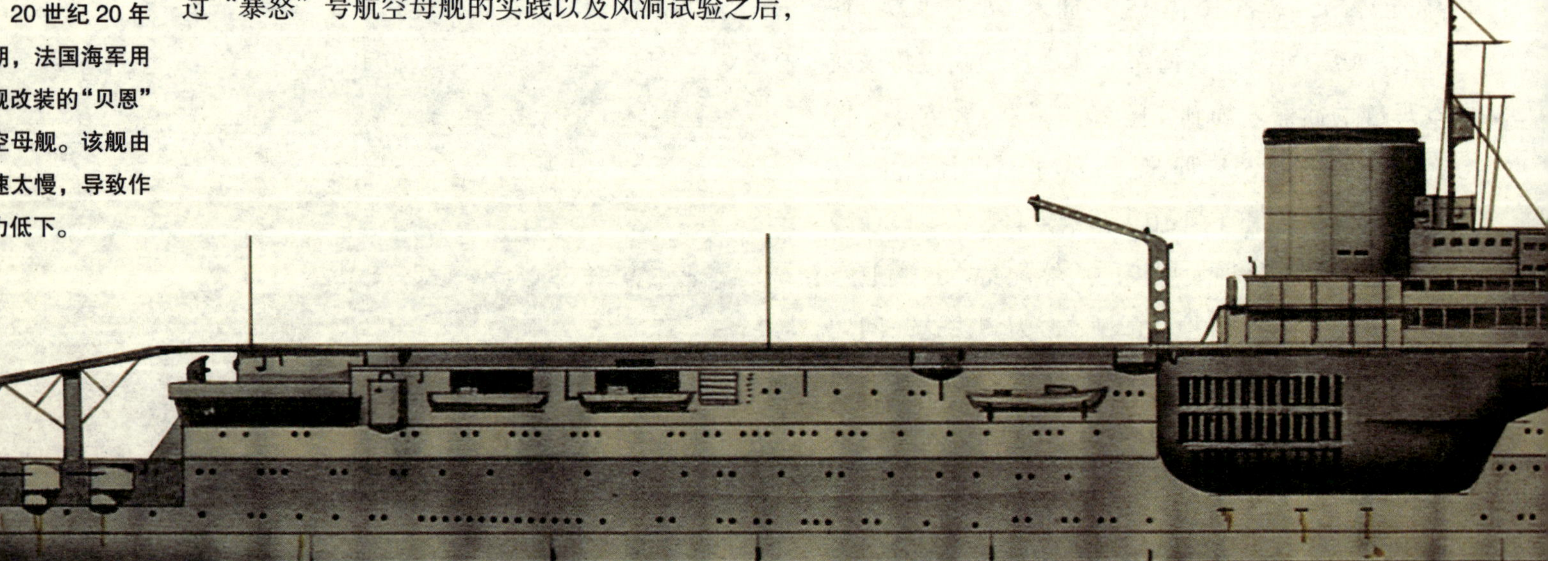

炮
1922
役，最多
架飞机。本
于 1923 年，停放
该舰甲板上的是一
架海上双翼飞机。

技术参数	
“贝恩”号	
排水量：	28 854吨（28 400长吨）
舰长：	182.5米（599英尺）
舰宽：	27米（88英尺11英寸）
吃水：	9米（30英尺6英寸）
动力装置：	四螺旋桨，三联式涡轮发动机
航速：	21.5节
武器系统：	8门15.2厘米（6英寸）口径火炮
人员编制：	875人
舰载机：	40架

（190 英尺）的缆索——后来扩展为 98 米（320 英尺）——其不仅仅用于飞机减速，而主要用于调整飞机位置。在此期间，“骆驼”、“布谷鸟”和“帕内尔黑豹”等式飞机成功地完成了航空母舰降落试验，该艘航空母舰随后返回船厂，并于 1923 年 9 月完成了整体设计工作。

今天，人们对于右舷岛形上层建筑早已习以为常，但在当时，英国皇家海军“鹰”号航空母舰舰长却认为岛形上层建筑是一个严重的障碍；皇家海军航空兵方面也认为，尽管这种设计能够为飞行员提供一个有关飞行高度和位置排列的参照点，但它仍然是一个令人讨厌的东西。与此同时，风洞试验似乎肯定了这些观点，因此有人建议缩短并加宽英国“竞技神”号航空母舰的岛形上层建筑，并且在对“暴怒”号进行改建时，应当将其右舷岛形上层建筑彻底拆除。很久以后的研究表明，如果飞行员在降落不成功时，他们更倾向于向左舷拐弯，所以左舷岛形上层建筑增大了降落事故的发生率。尽管飞行员们坚持认为，所有的设计特性必须服从于飞行员的需求，然而，上层建筑对于航空母舰的操纵和导航方面非常需要，而且也为保持甲板清洁、不受烟气的影响提供了方便；此外，在当时，利用甲板边缘风洞或管道进行排烟的设计一直没有取得较大的突破，因为它们会引起漩涡和湍流。

1922年6月，在德文波特造船厂，英国皇家海军“暴怒”号航空母舰安装了1个176米（576英尺）的飞行甲板、1个双层机库和伸缩式导航舰桥。舰首的起飞滑道虽然有些过时，但还是被保留了下来，从而使得战斗机能够快速地从上层机库起飞。在20世纪20年代，飞机重量很轻，因此这种方案完全能够满足飞机起飞的要求，但随着时间的推移，这种方法就越来越不实用了。在当时，“暴怒”号的改装效果很好，把航速和飞机性能很好地结合起来了。

截至1922年夏天，在距离首次动力飞行不到20年之后，世界上已经有3艘改装航空母舰在舰队服役（英国“百眼巨人”号和“暴怒”号、美国“兰利”号），此外，第四艘航空母舰（英国“鹰”号）也将投入现役；另外两艘具有特定建造目的的航空母舰（英国“竞技神”号和日本“凤翔”号）也接近完工。从以上这些数字可以清楚地看出，英国海军在航空母舰发展领域居于领先地位。但与此同时，英国于1917年所作出的一项决定的副作用也开始暴露出来，在当时，当德国轰炸机对伦敦连续两次成功实施昼间袭击之后，英国内阁匆忙成立一个专门委员会，以研究本土防空和飞机采购问题。

空中力量：一个全新的概念

在著名的南非将军简·斯马茨的领导下，该委员会历时2个月提交了一份报告。在该报告的序言中，首次提到了有关“战略空中力量”的新概念；该报告还预见到，由于空中作战将对工业中心和人口聚居区造成大规模的破坏，因此将成为未来战争的主要作战模式，而此前的陆地和海上作战模式将退居次位甚至从属地位。此外，另外一名空中力量的倡导者、意大利理论家朱利·杜黑特将军甚至鼓吹：在未来战争中，单纯依靠轰炸机就可以在交战双方的陆、海军部队未发一枪一炮之前就取得战争的胜利。颇具讽刺意味的是，对德国境内目标的首次“战略”空袭是由英国皇家海军航空兵的飞机完成的，但是，新理论的追随者们却完全忽视了这种空袭所产生的意义。

英国内阁会议最后决定：英国皇家海军航空兵和皇家飞行团将共同负责飞机和飞行员的训

练任务，从而为以上两个兵种后来合并成为新的“皇家空军”奠定了基础。从管理上讲，这是符合逻辑的。此外，根据最初的构想，“皇家空军”仍将像过去的皇家飞行团一样，将其作战资源分成陆上和空中两部分。但斯马茨将军却对此提出一个更具争议性的观点，他认为，当飞机和发动机短缺问题得到解决以后，剩下的问题就是组建一支“独立”或“战略”轰炸机部队，从而将战争推进到德国境内。于是在1917年11月，英国政府成立了新的“空军部”，继而于1918年4月1日成立了英国皇家空军，这是世界上第一支完全独立的空军部队。休·特伦查德准将成为第一任空军参谋长，紧接着又成为空军总司令。在临近战争结束前，他还负责指挥由英国、法国、意大利和美国的轰炸机组成的“独立轰炸机部队”。

截至1918年11月停战之前，由于管理上的限制，人们没有感觉到上述这些根本性变化所带来的影响。但是，由于前皇家飞行团的军官把持着空军参谋部，所以皇家海军的观点受到了冷落。根据当时的规定，所有飞行员都将归属于皇家空军，海军飞行员也被吸引到皇家空军服役，这使皇家空军受益匪浅，而海军却损失了大量优秀的飞行员；同时，海军的吸引力也随之下降，要知道，当一个勇敢的新世界发出召唤时，很少有人愿意继续留下来为海军服务。这样一来，在海军战术发展的关键阶段，有关发展海军航空力量的呼声被淹没了。英国海军部认识到这一危险，于是在1924年成立了隶属于皇家空军的独立的海军航空兵部队。对于海军的这一举措，特伦查德和他的支持者们立即作出反应，为保持空军军种的独立性而四处奔波，狂热地鼓吹战略轰炸才是唯一具有价值的行动。尽管刚刚过去的战争并不能证明战略轰炸的有效性，但杜黑特的说教却得到了虔诚地跟随，争论开始变得越来越不现实，有些人鹦鹉学舌般地叫喊“空中力量不可分割”、“轰炸机可以完成一切任务”。几乎在所有场合，政客们和新闻界的耳朵里都会灌满这样的断言：任何舰船都将会被轰炸机的“精确”轰炸掀出水面；此外，一些虚假的统计居然宣称，一艘战列

下图：从飞机观察员的位置所看到的英国皇家海军“暴怒”号航空母舰，其起飞甲板上的一股蒸汽流表明它正在逆风行驶。

下图：尽管英国皇家海军“鹰”号航空母舰的航速相对较慢，但它汲取了一些先进的技术性能，在二战中取得了相当出色的成就，后于1942年被击沉。

技术参数

“鹰”号
排水量： 27 664吨（27 229长吨）
舰长： 203.4米（667英尺6英寸）
舰宽： 32米（105英尺）
吃水： 8米（26英尺3英寸）
动力装置： 四螺旋桨涡轮机
航速： 22.5节
武器系统： 5门10.2厘米（4英寸）、9门15.2厘米（6英寸）口径火炮
人员编制： 950人
舰载机： 24架

舰的造价可以生产1 000架轰炸机（实际上只能制造37架）。

对于那些轰炸机支持者颇带孩子气的主张，人们也许可以不予理会，但它们产生了很明显的实际效果：有限的生产资金被抽走用于生产轰炸机，海军航空兵的发展被置于一个较低的位置，而且，由于飞机的设计和采购权控制在皇家空军的手里，所以，大部分热衷于海军航空事业的海军将领们无法对飞机的设计施加任何影响。因此，上述做法所导致的问题很快就暴露出来了——在1918年尚且属于一流的英国海军飞机不久就落在了美日两国的后面。

与此同时，美国海军也存在着同样的问题。一战停战协定签署以后，美国陆军飞行员威廉·米切尔准将开始四处游说，希望能够效仿英国皇家空军，创建一支独立的空军部队。如同特伦查德一样，米切尔也是一名陆军军官，在其军旅职业生涯中，他很晚才开始从事飞行活动，与特伦查德不同的是，米切尔是在和平时期才开始

1921 年六七月份，在美国海军进行的一系列充满争议的试验期间，一枚炸弹爆炸掀起的水柱遮住了“东弗里西亚”号战列舰的船体。

右图：威廉·米切尔准将是最早倡导发展航空兵部队的人之一，他以自己的军旅生涯为代价，证明军舰甚至是战列舰都是有可能会被武装了炸弹的飞机炸沉的。

从事类似活动的，在创建美国空军的过程中，他发现自己不仅面临着海军这样一个对手，同时还在同陆军进行较量，而且这一冲突的激烈程度远比前者强烈得多。

轰炸机对战列舰

1920年11月，美国海军开始进行轰炸试验，使用“印第安纳”号老式无畏舰作为攻击目标。人们事先在舰上安放了炸药，之所以让轰炸机用假炸弹进行攻击，纯粹是为了进行瞄准训练。米切尔观看了这些试验，并且很高兴地看到“印第安纳”号被击沉，然而，他所不能也不愿意承认的是，正是舰上安放的炸药才将该艘战舰炸沉的，轰炸机投掷的只是假炸弹而已；同样重要的事实还有：该艘战列舰既旧又小，且没有任何炸弹防护措施。他还忽略了海军所坚持的观点，即科学试验才是获取经验的唯一途径。

米切尔置上述各种合理的事实于不顾，继续要求组建独立的“空军部”。鉴于双方都坚持自己的观点，争论很快就演变成为“轰炸机对战列舰”的一种对抗形式，且到了剑拔弩张的地步。正如米切尔所期待的那样，媒体和国会对海军部施加了强大的压力，要求海军部为飞行员提供证明其观点的机会。1921年6—7月，美国海军以投降的德国战舰作为演习目标，组织了一系列的轰炸演习。

整个演习活动充满了闹剧色彩。虽然陆军航空部对轰炸机非常狂热，但其演习所需的无线电台、罗盘甚至轰炸瞄准仪都不得不从海军那里借用。同时，美国海军舰艇也需要部署在沿岸，以帮助陆军对目标进行定位。此外，陆军飞行员从来没有飞过离陆地90千米（60英里）的范围。6月21日，第一次试验开始，美国海军3架水上飞机各携载3枚82千克（180磅）重的炸弹对一艘U型潜艇进行攻击，在被击中12分钟后，“U－117”号潜艇沉没了。紧接着，与“印第安纳”号同时代的“爱荷华”号战列舰也遭到了海军轰炸机的假炸弹的“攻击”。但美国海军不允许陆军轰炸机对“爱荷华”号进行轰炸，因为它当时正在无线电控制下进行机动，演练“欺骗”战术。在当时导航技术非常落后的情况下，陆军飞行员能否发现这艘战列舰都值得怀疑，更谈不上对其进行攻击了。紧接下来，“G－102”号驱逐舰和

“法兰克福”号轻巡洋舰被重型炸弹击沉。

至此，在演习中被击沉的3艘舰艇不是特别陈旧就是吨位很小。好在最后的试验目标确定为攻击23 166吨（22 800长吨）的现代战列舰——“东弗里西亚”号。该艘战舰建于1911年，曾参加过日德兰海战，是在空中威胁尚未出现时设计的。不过，由于德国战列舰曾经享有很高的声望，因此，米切尔的支持者又开始小心翼翼地散布谣言称，“东弗里西亚”号是一艘“永不沉没”的战舰。实际上，该艘战列舰当时的状况很差，在安全跨越大西洋之前需要维修。

7月20日，美国海军和陆战队飞行员向“东弗里西亚”号战列舰投掷了34枚轻型炸弹，只有6枚命中目标。按照试验程序，应该立即进行一次损坏情况检查，但是，在没有任何预警的情况下，又有6架陆军轰炸机飞临上空，向这艘战列舰投放了相当数量的272千克（600磅）重的炸弹，结果只有两枚命中目标。直到此时，破损检查才开始按照计划进行，结果显示，“东弗里西亚”号战列舰的甲板没有遭到任何值得评估的破坏。第二天，8架陆军M B－2型轰炸机又开始轰炸目标，每架投放两枚454千克（1 000磅）重的炸弹，结果命中了6枚，但是检查小组报告说，该艘战列舰仍然具备海战能力。于是在当天下午，陆军轰炸机又投掷了数枚908千克（2 000磅）重的炸弹，这种炸弹是当时世界上最重的炸弹，其中，第一枚炸弹被反弹出去，另外两枚脱离目标，第四枚命中目标。尽管遭受了多次打击，而且在没有进行火势控制和排水的情况下，该艘战列舰的沉没过程仍然一直持续到晚上时分。

虽然这一结果并不具备任何决定性意义，但米切尔等人仍然声称取得了巨大的成功——从空中击沉了一艘战列舰！然而，这一天绝对不是“神话”创造者所称的“海军将领们流泪的一天”。尽管这3艘陈旧的战列舰后来是被陆军轰炸机击沉的，但直至1924年11月，美国才开始进行针对现代战列舰的轰炸试验。这一次，尚未竣工的“华盛顿”号超级无畏舰成了系统炸弹、鱼雷以及火炮攻击的目标。最终，这次试验的结果支持了海军的观点：“在未来战列舰的设计中，通过在甲板、两侧舰舷以及内部部分位置安装防护装甲，可以避免来自空中的致命性打击。因此，那种有关空中攻击使得战列舰业已过时的说法是站不住脚的。”这个结论准确地反映了当时轰炸机的能力，甚至在20年后出现更高水平轰炸机的情况下，那些轰炸机的支持者们仍是处于失望的境地。在接下来的很长时间内，航空母舰舰载机得到了压制战列舰的大口径火炮能力的验证机会。

据说，米切尔1925年曾指控美国海军“不忠实于美国”，导致“申南多”号大型硬式飞艇在一次风暴中遇难，他要求军事法庭受理此案并获得了法庭的支持。在岸基航空兵发展领域内，他做了大量有益的工作。此外，他还帮助确立了大型航空母舰的未来发展方向。但他同时也做了大量有害的事情，致使美国海军和陆军航空兵互相发难，并使美国和其他国家将注意力集中于高空精确轰炸。二战的实践证明，英国空军一味在海上进行高空轰炸的战术是完全错误的，意大利空军也犯了同样的错误。只有在那些重视俯冲轰炸和鱼雷投掷战术的空军中，其战术才得以沿着正确路线进行发展。

1921年11月，哈丁总统在华盛顿召开海军裁军会议，讨论阻止美国、日本和英国之间海军军备竞赛的方法。与会各方分歧的根源主要在于日美两国正在建造的大批战列舰，各国代表们竭力说服以上3个海军大国削减其水面舰队。经过一系列的讨价还价，美英两国同意保留15艘主力舰（包括战列舰和战列巡洋舰），日本保留9艘，法国和意大利则保留5艘。同时，使各大国海军自尊心受到伤害的是，其航空母舰总吨位受到了限制：英美两国海军均为137 166吨（135 000长吨），日本海军为82 300吨（81 000长吨），法国和意大利均为60 963吨（60 000长吨）。英国和美国获许的额外吨位是为了对裁减的或多余的船体进行改造，从而避免造船厂工人失业，但是，当新的建造资金无法找到正当使用的理由的时候，它就会为建造航空母舰提供借口。

《华盛顿海军裁军条约》的最终草案第一次为航空母舰进行了正式定义：航空母舰属于一种军舰，其排水量10 160吨（10 000长吨）以上，但不超过27 433吨（27 000长吨），是专门为搭载和起降飞机而设计的，所装备的火炮不超过10门，口径不超过20.3厘米（8英寸）。此外，作为一种特殊的妥协措施，美国和日本获准使用现有船体

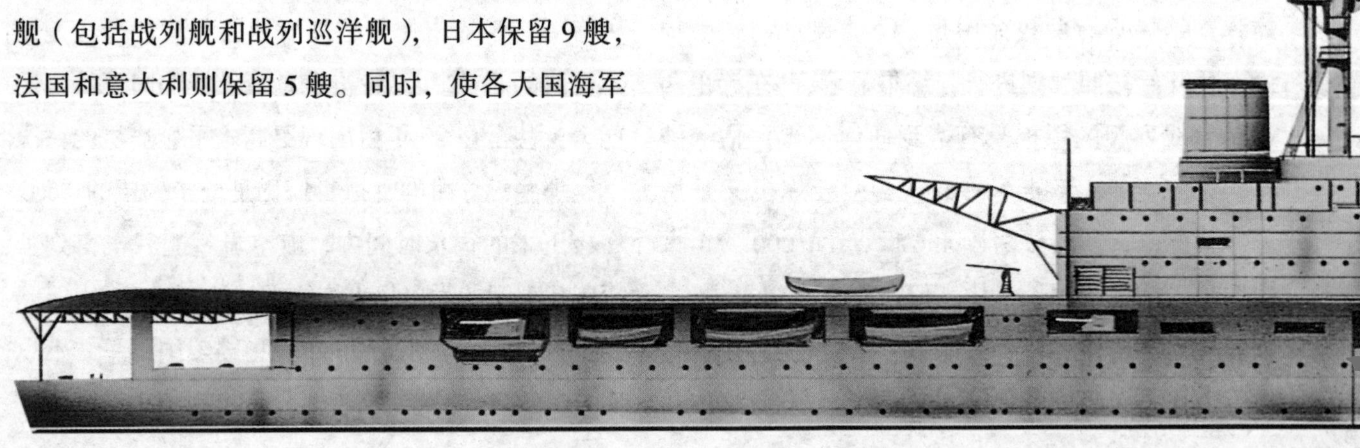

右图：尽管英国皇家海军“竞技神”号航空母舰的吨位较小，却具备了一些诸如右舷岛形上层建筑等方面的重要特征。1942年，它在锡兰外海被日本海军航母舰载机击沉。

各改建两艘 33 530 吨（33 000 长吨）的航空母舰。在将近 20 年期间，以上规定一直制约着航空母舰的设计工作，直到二战爆发以后，它们才变成多余的东西。

美国航空母舰的发展

自 1919 年以来，美国海军建造与维修局一直考虑改装一艘战列巡洋舰。根据 1922 年的《华盛顿海军裁军条约》，美国现有的 6 艘“列克星敦”级战列巡洋舰（CC.1 ~ 6）肯定会被裁减掉，因此在 1921 年 7 月，美国海军初步设计主管主动组织了一次详细的研讨。这样一来，当代表们在次年年初最终达成重大决议时，美国海军建造与维修局已经提前作好了设计准备。于是，“列克星敦”号（CC.1）和“萨拉托加”号（CC.3）2 艘战列巡洋舰被选中进行改装，前者由位于马萨诸塞州伯利恒的昆西造船厂进行改建，后者由位于新泽西州卡姆登的纽约造船厂改建。此外，由于以上两舰是 6 艘战列巡洋舰中最先进的舰船，因此，其改装费用相对要少一些。但即使这样，不包括已

技术参数	
“竞技神”号	
排水量：	13 208吨（13 000长吨）
舰长：	182.9米（600英尺）
舰宽：	21.4米（70英尺2英寸）
吃水：	6.5米（21英尺6英寸）
动力装置：	双螺旋桨涡轮机
航速：	25节
武器系统：	3门10.2厘米（4英寸）、6门14厘米（5.5英寸）口径火炮
人员编制：	664人
舰载机：	20架

下图：“木星”号运煤船改造成“兰利”号航空母舰（CV-1）。

经花费的费用在内，其改装预算也高达22 40万美元，而最后的实际花费比预算资金还高。

在当时，设计者们遇到的最大问题是，为了满足条约的条件，航空母舰排水量必须限制在33 530吨（33 000长吨）之内。最初，美国海军新型航空母舰的排水量计划为41 658吨（41 000长吨），接着降到39 626吨（39 000长吨），最后定为36 578吨（36 000长吨）。

但接下来，要想再减少3 048吨（3 000长吨）几乎是不可能的，因此，海军全体委员会决定要一点花招。根据当时的条约规定，为了提高舰船防御能力，现有主力舰可以增加3 048吨（3 000长吨）进行现代化改进，于是，全体委员会辩解说，在舰船被改建成为航空母舰前，“3 000长吨的条款”是适用于它们的，因此，36 578吨（36 000长吨）这个数字就不违反条约了，当然，这个辩解难以令人信服。然而，美国海军仍然把标准排水量登记为33 530吨（33 000长吨），把增加3 048吨（3 000长吨）的方案留在以后公开。

下图：“列克星敦”号航空母舰（CV-2）于1927年12月14日加入现役，被舰员们称为“莱克斯小姐”。图为该舰正在试航。

1927年底，改装后的“列克星敦”号和“萨拉托加”号航空母舰编入现役，分别为CV—2号和CV—3号，但其尺寸却招来了批评家们猛烈的批评，并被戏称为“白色的大象”。为此，各个签约国都纷纷要求建造更多的小型航空母舰，或在整个舰队甚至驱逐舰上增加弹射飞机的数量（随着时间的流逝，所有这些要求都将被证明是错误的）。在设计上，“列克星敦”号和“萨拉托加”号航空母舰的庞大尺寸能够搭载一个由78架飞机组成的航空大队（实际上能够搭载80架或90架飞机），并能根据任务需求对轰炸机、侦察机和战斗机进行不同的组合。1928年以后，美国海军每年都要举行一系列的“舰队问题”或演习，这两艘姊妹舰经常进行对抗性试验，以探讨航空母舰战术理论。自从服役之后，该两艘航空母舰只暴露出一个大的设计错误，那就是安装在岛形上层建筑前后的4座20.3厘米（8英寸）口径双联装炮塔，这些炮塔及其弹仓占据了颇有价值的飞机库空间，强劲的炮口冲击波对甲板上的任何一架飞机而言都是很危险的，而且这些装备只是理论上具备防御敌人巡洋舰进攻的能力。但在最初的设计中，航空母舰舰载机还没有被赋予防御水面进攻的能力，并且这些缺点在数年后才完全暴露出来。

这两艘航空母舰的建造规模是前所未有的：涡轮电动机可产生134 226千瓦（180 000马力）的动力，使航速超过33节；可携带6 775吨（6 668长吨）的燃油，并能够以15节的航速行驶32 000千米（20 000英里）；最重要的是，它们的外观非常宏伟，一个厚实的烟囱把所有16座锅炉的上升烟道聚合在一起，并且还保留了原来战列巡洋舰的许多设计优点。1929年12月，当塔科马城因干旱缺少水利供电时，“列克星敦”号航空母舰从布雷默顿海军造船厂出发前往该城，为其10万居民提供电力。它在一个挖泥船专用的停靠处停泊了长达一个月时间，通过电线与岸上连接，总供电量高达4250万千瓦时，这真是个奇迹！

与此同时，航空母舰战术也得到了迅速发展。1928年，在“舰队问题VIII”演习中，美国海军“兰利”号航空母舰舰载机空袭了珍珠港，将驻军和防御舰队打了个措手不及。第二年，“列克星敦”号和“萨拉托加”号航空母舰都参加了“舰队问题IX”演习，但结果却令人有点迷惑不解：“萨拉托加”号声称，它的舰载机成功地攻击了巴拿马运河，但是，据说此前它已经先后被一支战列舰编队和“列克星敦”号航空母舰舰载航空大队“击沉”了；海军陆基轰炸机没有“击沉”敌方的“萨拉托加”号航空母舰，相反却“击沉”了己方的“列克星敦”号航空母舰。如果说这类演习听起来有些孩子气的话，我们必须记住，这些演习最重要的目的是制定和演练战术程序，输赢则是次要的；而且在演习中，有关飞行甲板、机库和司令舰桥的技术也逐渐发展起来了。总之，只有通过这些丰富多彩的演习，海军将领和舰长们才能像驾驭战列舰那样熟练和自信地驾驭航空母舰。

美国海军规划者们意识到，充分利用从该3艘航空母舰中获得的宝贵经验是非常重要的，因此，1927年，海军全体委员会制订了一项5年计划。鉴于“列克星敦”级航空母舰较大的排水量，有人建议将新航空母舰的排水量降到14 021吨

下图：1925年，美国海军“列克星敦”号航空母舰的巨大舰体在马萨诸塞州昆西的伯利恒造船厂成形。

（13 800长吨），并在1929—1933年间每年建造1艘。但是，美国公众却对国防开支有着对立情绪，而且，当“大萧条”到来时，国防预算是第一个被裁减的目标。但到最后，为造船厂提供就业机会的需要压倒了孤立主义，而用来建造第一艘新型航空母舰的资金也勉强被批准了。1931年9月，这艘舷号为“CV—4”的新型航空母舰开始建造，后被命名为“突击者”号。然而，“突击者”并非一个成功者，虽然其由75架飞机组成的强大的航空大队令人振奋，但由于排水量的减少，航速只有29节。该艘航空母舰放弃了过去的平面甲板设计，像日本的“舞鹤”号航空母舰一样，安装了一个小型上层建筑，并在更靠近船尾的地方建造了两对3次折叠式烟囱，这些烟囱内部连在一起以便使烟囱里的烟直接排到背风面，从而对飞行带来尽可能小的影响。更重要的是，海军全体委员会没有获准订购另外4艘“突击者”级航空母舰。这对美国海军来说真是幸运，因为，在“突击者”号竣工之前，有关的航空母舰学说已经发生了变化，未来航空母舰的最小排水量确定为20 321吨（20 000长吨）。

“赤城”号和“加贺”号

与此同时，在太平洋的对岸，日本人也在忙于实施自己的计划。根据《华盛顿海军裁军条约》，日本可以改装两艘41 861吨（41 200长吨）的战列巡洋舰，即“赤城”号和“葛城”号。然

技术参数

“列克星敦”号

排水量： 35 438吨（34 880长吨）

舰长： 265.7米（871英尺9英寸）

舰宽： 29.2米（96英尺）

吃水： 8.3米（27英尺6英寸）

动力装置： 四螺旋桨涡轮机

航速： 32.7节

武器系统： 12门127毫米（5英寸）口径火炮

人员编制： 2 682人

舰载机： 91架

下图：1942年，当“列克星敦”号老式航空母舰在珊瑚海海战中被击沉后，一艘“埃塞克斯”级航母被重新命名为“列克星敦”号（CV—16）。

下图：美国海军“列克星敦”号和“萨拉托加”号航空母舰为了围住 16 台锅炉的上升烟道，每艘舰上都安装了高大的烟囱。它们均在第二次世界大战爆发前夕拆除了原来的 8 英寸（203 毫米）口径火炮。在 1945 年之前，“萨拉托加”号在外观上几乎焕然一新。

上图：1941 年 12 月改建成功的“赤城”号航空母舰的前身是 1927 年建成的一艘战列巡洋舰，排水量高达 41 000 吨，在两座机库甲板的前部配置了 2 条小型起飞甲板。在 1935—1938 年间进行的改建中，该舰增加了一条全通式飞行甲板。

而，在1923年9月1日的东京大地震中，“葛城”号刚刚建成的舰体遭到了严重损坏，因此，其他签约国同意日本用另一艘吨位略轻的“加贺”号战列舰进行替代。

像日本同时期的其他舰船一样，“赤城”号和“加贺”号一出现就给人留下了稀奇古怪的印象，其前部起飞甲板共分3层，第一层起飞甲板的前端是飞行甲板，另外两层作为机库。这两艘航空母舰分别装备了10门20.3厘米（8英寸）口径的重型火炮，但最奇异的特征是它们的烟囱。在“赤城”号航空母舰上，前面的烟筒向下弯曲，第二个烟筒水平地伸出，而“加贺”号航空母舰的烟筒则水平地建在船尾右侧。由于装备了较重的武器，该两艘航空母舰的舰载机搭载数量略低于美国航空母舰。这只是成功改造的第一步，它们还要在10年以后进行更具常规性的改建。它们与“列克星敦”号和“萨拉托加”号航空母舰的用途是一致的：将用来探索“快速航空母舰特混舰队”这一全新的舰队主力部队概念。

上图：这是1941年9月份所拍摄的“翔鹤”级舰队航空母舰“瑞鹤”号。当时人们普遍认为，“翔鹤”级航空母舰无论在排水量、武器系统还是装甲防护方面，都要比此前的“苍龙”级航空母舰胜出一筹。

日本企图制造一艘性能更好的航空母舰，他们充分利用了《华盛顿海军裁军条约》的一项条款，该条款豁免吨位在10 160吨（10 000长吨）以下的航空母舰。1929年11月，日本开始建造“龙骧”号航空母舰，排水量仅有8 128吨（8 000长吨），搭载48架飞机。尽管尺寸有限，但设计者们还是在该艘航空母舰上建造了1个双层机库，并配置12门12.7厘米（5英寸）口径火炮，而且其航速与美国“突击者”号航空母舰一样。如果说“突击者”号航空母舰非常令美国海军失望，那么“龙骧”号航空母舰对于日本海军来说几乎就是一场灾难，设计人员在其这么小的排水量上做了太多的文章，而其实际吨位远远超过计划的8 125吨（8 000长吨）的标准吨位。就在该舰正式服役后不久，日本帝国海军遭受了两次海上大灾难：一次是一艘新型鱼雷艇倾覆，另一次是联合舰队遭受了台风的严重破坏。这促使日本海军对这艘新型航空母舰的稳定性进行了详细的审查，结果他们拆除了4门火炮，以便尽可能地减少重量。但不幸的是，它仍需要提升前甲板（舰首楼）以改善抗风浪能力，这就抵消了火炮拆除后所减少的重量。最后，该艘航空母舰又增加了大约2 540吨（2 500长吨）的压舱物，这就大大降低了航空母舰的速度。

落伍的英国人

在这场海军军备竞赛中，其他对手都被美日两国远远地甩在后面。英国缺少适合改装的大型船体，只有两艘与“暴怒”号航空母舰类似的轻型战列巡洋舰——“勇敢”号和“光荣”号。然而，由于它们是轻型快速装甲舰，所以不会碰到像改装主力舰时那样的吨位难题。1925年9月，“暴怒”号经过大规模的重建之后已经基本成型，像“百眼巨人”号航空母舰一样，它也拥有一个全通平面飞行甲板，但没有岛形上层建筑，其排烟管安装在右船尾。1928年，拥有1个岛形上层建筑的“勇敢”号航空母舰重新加入舰队。1930年，其姊妹舰“光荣”号也编入现役。

当以上3艘航空母舰组成一支类似的航空母舰大队后，英国皇家海军就开始评估发展更多的小型航空母舰的可行性，以此与美日两国的大型航空母舰相抗衡。但显而易见的是，它们不可能搭载与美日航空母舰数量相同的飞机。英国海军的3艘新型航空母舰总共可搭载108架飞机，而美国的“列克星敦”号和“萨拉托加”号航空母舰却能搭载160~180架飞机，有时甚至能搭载240架；日本的“赤城”号和“加贺”号航空母舰搭载的飞机数量也超过了该3艘英国航空母舰，多达140架。此外，小型航空母舰存在的另一个问题是：它们只能携带供自身和舰载机使用的有限的燃油。每艘“列克星敦”级航空母舰能够在舰体深处受到特殊防护的油箱中储存约600 083升（132 000加仑）高抗爆汽油（航空燃油）及润滑油，而英国“暴怒”号航空母舰只能携带109 106升（24 000加仑）航空汽油和18 184升（4 000加

下图：美国海军3艘第一代航空母舰。从左到右依次为：“列克星敦”号、“萨拉托加”号和“兰利”号，它们均停泊在皮吉特海峡海军造船厂。

仑）润滑油；“鹰”号航空母舰的情况更糟，总共能携带 36 368 升（8 000 加仑）燃油。鉴于以上因素，英国皇家海军的航空母舰无法在太平洋海域作战，即使在欧洲战场上，其作战机动性也会由于缺乏续航力而受到很大限制。

下图：美国海军在两次世界大战之间加快了航空技术的发展，鼓励一些最优秀的军官加入海军飞行员的行列之中。

法国和意大利的发展

在这一时期，法国是另外一个拥有 1 艘航空母舰的唯一国家，也有合适的战列舰舰体可供改造。1914 年，法国开始建造 5 艘“诺曼底”级战列舰，但建造工作在战争爆发后被迫中止。1920 年，法国制订了改造“贝恩”号的计划，并在随后签订的《华盛顿海军裁军条约》中确定下来。1922 年 4 月，改造计划得到批准。在此期间，英法的合作是有限的，但在走投无路的情况下，法国海军也只能向英国皇家海军寻求技术支援，索取“鹰”号航空母舰的详细资料。这样一来，“贝恩”号的改造工作融合了诸如机库防火措施之类的一些英国舰船设计优点，但其速度相当慢；在航速 21.5 节的情况下，甲板上不能产生足够的风力，以确保飞机的安全起降。随着飞机重量的加大，甲板上的风力对飞机的起降活动日益重要。

法国“贝恩”号航空母舰不但拥有一个右舷岛形上层建筑，而且还有一个独特的、用冷空气淡化烟气的通风系统，以降低甲板上的湍流。其另一个独有的特征是，3 个甲板升降机的井道上口都装有成对的巨大铰链门，构成了飞行甲板的一部分。而在其他国家的航空母舰上，当升降机平台升到最上面时，它们才构成飞行甲板的一部分。其上层机库能容纳 40 架飞机，备件和维修车间则位于下层机库。1927 年以来，法国海军成功地使用了这艘航空母舰，但由于缺少资金，他们没有为其配备更多的先进飞机。所以，对于英国海军航空兵而言，法国海军航空兵从未对其构成严重威胁。

尽管意大利海军对海军航空事业也有一定的热情，但他们却没有航空母舰。在战争期间，意大利海军试图建立一支海军航空兵，1917 年出任中央航空局局长的杜黑特将军对此起到了关键的作用。1923年，墨索里尼率领意大利军队走上了法西斯道路，杜黑特借鉴英国皇家空军的模式，将意大利陆军和海军航空部队合并成为一个“独立”的航空部队。法西斯头子墨索里尼认为，意大利不需要航空母舰，因为意大利本身就是一艘巨大的、永不沉没的航空母舰。1925年，他逼迫他的将军们发表了一项政策声明，称意大利不需要航空母舰。在接下来的战争中，他们将为此而遗憾终生！

第二代航空母舰的特征

至此，航空母舰设计有了截然不同的特征：飞行甲板通常用柚木铺设；整个机库建在了被海军建筑师称为“硬甲板”的上部，自从1918年后，该甲板通常装有防弹装甲，以保护机械和其他重要部位免遭破坏；防空和反舰火炮配置在周围的甲板边缘或甲板下面，或分组安装在岛形上层建筑的前部和后部，但无论在哪里，它们都需要有一个合理的射弧（射界）。然而，火炮系统和航空母舰本身从来没能很好地结合起来：弹药补给是一件棘手的事情，穿过甲板进行射击会对甲板和附近的飞机造成损伤。除了火炮部署问题始终令人头疼之外，弹药补给问题起初在很大程度上也被忽视了，因为没有人预见到未来的空袭会直接针对航空母舰。

需要解决的另一个问题是：如何使飞机刚一着陆就能停下来。退一步说，目前使用的方法也是不规范的。1917年，英国海军在“暴怒”号上

技术参数

“斯帕里罗”号

排水量： 30 480吨（30 000长吨）

舰长： 202.4米（664英尺2英寸）

舰宽： 25.2米（82英尺10英寸）

吃水： 9.2米（30英尺2英寸）

动力装置： 四螺旋桨，柴油发动机

航速： 18节（与班轮的速度一样）

武器系统： 6门15.2厘米（6英寸）、4门10.2厘米（4英寸）口径火炮

人员编制： 未知

舰载机： 未知

下图：事实上，意大利海军直到第二次世界大战才开始重视起航空母舰的作用，他们用一些班轮改建成“斯帕里罗”号等一系列航空母舰。

试验了一些方法，但均未成功。此后，他们选择了一个纵向钢缆系统，但又于1926年放弃了，因为它会严重损坏飞机起落架。同样，美国海军也于1929年放弃了安装在“兰利”号和“列克星敦”号上的类似系统。最后，他们均认为，既然大型航空母舰的飞行甲板是很长的，飞机会及时刹车停下来的，这个问题因此也就不了了之了。法国借鉴了英国海军1917年首次在“暴怒”号上试验过的方法，采用了一系列横向钢缆，这样一来，其中的一条钢缆就有机会钩住飞机尾部下面的吊钩。这个方法被日本采用了，紧接着，英国皇家海军“鹰”号航空母舰于1933年也采用了这个方法，不久，它就成为一种标准的方法而得到各国海军的认可。与此同时，防撞护栏再度被起用，它是一个横向护屏，能够拦阻那些尾钩没能钩住钢缆的飞机。这个简单的创新使舰载机可以同时进行起飞和降落，并能加快飞行甲板的作业速度。

下图：1938年，美国新型航空母舰“企业”号（CV—6）建成。紧接着，美国开始着手设计更为强大的“埃塞克斯”级航空母舰。

航空母舰所面临的最可怕的危险就是大火。舰体中储存了数千加仑的航空汽油，一旦泄露，就会释放出易爆气体，这样一来，即使是一个小小的火星也能摧毁整个航空母舰。“列克星敦”级航空母舰的燃料储存在2个单体和6个双体油箱中，总容量达617立方米（21 790立方英尺），加油点设在机库和飞行甲板上。英国遇到的麻烦更大，“鹰”号航空母舰使用了一种新的方法，将航空汽油存放在笨重的油箱中，油箱没有安置在舰体内，而是安放在甲板上。

作为防火措施的一部分，英国设计者们提出了一个“密闭式机库”的新概念。在密闭式机库里，机库的通风系统与舰船其他部位的通风系统是分开的，这样一来，机库就与甲板上的航空汽油挥发的气体隔离开，从而免除了整艘航空母舰都弥散着这种气体的危险。密闭机库的完整性由分隔舱上的气锁严密保护着，人员可以通过分隔舱进入机库。海军航空兵使用的高辛烷燃料引起了许多问题，因为它具有较高的腐蚀性，且必须使用由特种钢材制成的油箱。这种密闭式机库的缺点是：它侵占了机库的空间，从而减少了搭载的飞机数量。当美国海军开始考虑建造另外几艘“列克星敦”级航空母舰时，许多人都主张采用船侧外延式“开放机库”，机库的通风问题通过安装滚轴百叶窗得到了解决，这种能打开的百叶窗可使干气流通过，帮助该系统通风。然而，需要指出的是，英国皇家海军这个系统的核心是一个独立的通风系统装置，强调对输油管线的保护，这些管线把航空汽油从油箱输送到机库和飞行甲板上。

为了控制机库中的大火蔓延，航空母舰上还安装了钢制防火隔板，用来控制火势。1929 年，英国海军航空兵在“鹰”号航空母舰的机库里安装了海水喷洒系统，经检验，该系统能够更加有效地控制火势。尽管海水会腐蚀轻合金飞机及其纤维机翼覆盖罩，但这个缺点还是可以接受的，而且，这项创新也标志着对破坏的控制能力有了很大程度的提高。1933 年，“鹰”号航空母舰还配置了飞行甲板防火设备，4 套泡沫灭火器能够将整个甲板用一层泡沫覆盖住。

尽管“列克星敦”级航空母舰的舰体很长，但它们还是装备了 47 米（155 英尺）长的巨大的飞轮驱动弹射器。这种弹射器安装在飞行甲板的前部，与甲板上表面平齐，能够以 48 节的适中速度将一架 5.08 吨（5 长吨）重的飞机弹射出去。但是，像“兰利”号的弹射器一样，它们的弹射器也很少使用，因为白天起飞的飞机很轻，不需要帮助就能起飞。1928 年，“兰利”号将其两套飞机弹射器拆除，1934 年，其他的大型航空母舰也拆除了飞机弹射器。

应该说，在 1929—1933 年之间，航空母舰设计工作还是取得了非常显著的进步。尽管第二代航空母舰有着这样那样的缺点，但无论如何，它们还是试验了航空母舰设计理论并将其付诸实践。在它们中间，所有存留下来的航空母舰都将参加第二次世界大战，其中有一些航空母舰还取得了很高的声望。如果没有它们，那么下一代航空母舰的作战性能就不可能如此行之有效。

上图：1938 年 9 月，日本海军“龙骧”号轻型航空母舰正在航行之中。从巡洋舰改装而来的“龙骧”号一直饱受舰体稳定性差的困扰，这是因为舰船的双层机库使得狭窄的舰体难以承受。

日本新型航空母舰

在航空母舰设计方面，日本人与美国人观点相同。1934年11月，日本开始建造“苍龙”号航母，排水量达19 101吨（18 800长吨），搭载53架飞机，航速达34节，比“约克城”级航空母舰的速度稍快。虽然1930年的《伦敦海军条约》同意放宽《华盛顿海军裁军条约》对于军舰吨位的限制，但日本海军认为，当1936年条约期满后，他们所建造的下一艘军舰将不会受到吨位限制。由于日本并不打算签署其他的协议，因此，日本的航母设计者们就不再有任何吨位限制方面的顾虑，他们建造了“苍龙”号姊妹舰“飞龙”号航母，并对其性能进行了一系列改进。

1935年9月，日本联合舰队因遭遇一次台风而损失惨重，这影响到“飞龙”号的设计，但该艘航母不同寻常的设计特点却得到海军航空局的认可。根据观察，航空局发现航母的岛形上层建筑应当尽可能接近船体中心点的地方，因此，他们建议将“飞龙”号的岛形上层建筑建在船体中央。此外，设计者们还建议把烟囱也安装在相似

技术参数

“赤城”号
排水量： 29 580吨（29 114长吨）
舰长： 248米（816英尺11英寸）
舰宽： 30.5米（100英尺）
吃水： 8.1米（26英尺7英寸）
动力装置： 涡轮机，四轴推进
航速： 32.5节
武器系统： 10门20.3厘米（8英寸）口径火炮、12门11.9厘米（4.7英寸）口径火炮
人员编制： 2 000人
舰载机： 91架

的位置。为解决这一问题，一些人提出了把上层建筑建在航母左舷的大胆设想。他们又提出了另一条理由来证明该项决定的正确性。人们设想：为什么不能让两艘姊妹舰并排航行，这样一来，打算在左边航母（“苍龙”号）上降落的飞机就可以在进入编队或返回航母时进行左手半圆飞行；

技术参数

“企业”号

排水量： 25 908吨（25 500长吨）

舰长： 246.7米（809英尺6英寸）

舰宽： 26.2米（86英尺）

吃水： 7.9米（26英尺）

动力装置： 四螺旋桨涡轮机

航速： 37.5节

武器装备： 8门12.7厘米（5英寸）口径火炮

人员编制： 2 175人

舰载机： 96架

左图：美国“企业”号航母设计图，它标示出如何在船体上搭建飞行甲板，而不是将飞行甲板与船体融合在一起。

左图：日本“赤城”号航空母舰具有独特的3层起飞前甲板。1941年，“赤城”号航空母舰领导了对美国太平洋舰队基地珍珠港的袭击行动。

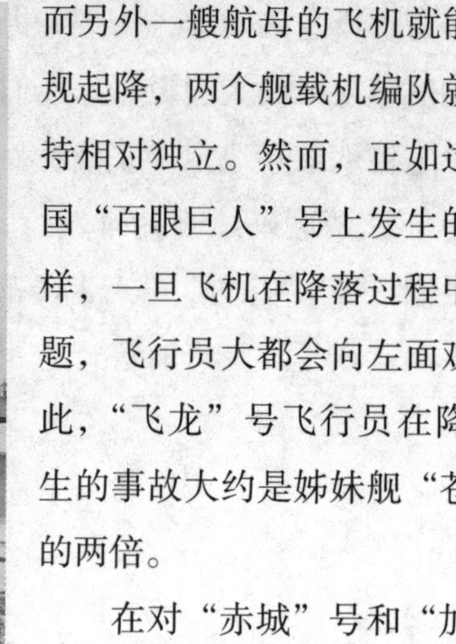

右图：停靠在船坞中的“约克城”号航空母舰，正准备从珍珠港出航。此后不久，该舰在珊瑚海海战中沉没。

而另外一艘航母的飞机就能进行常规起降，两个舰载机编队就可以保持相对独立。然而，正如过去在英国“百眼巨人”号上发生的情况一样，一旦飞机在降落过程中出现问题，飞行员大都会向左面观看，因此，“飞龙”号飞行员在降落中发生的事故大约是姊妹舰“苍龙”号的两倍。

下图：20世纪30年代末期，“赤城”号和“加贺”号航空母舰进行了改建，其前部按照更常规的思路进行了改造。

在对“赤城”号和“加贺”号进行现代化升级的时候，日本的上述想法得到了进一步发展。20世纪30年代末期，“赤城”号和“加贺”号航母不再拥有其独特的三层起飞甲板，并按照常规思路进行了改装，“赤城”号航母改建了一个左舷岛形上层建筑。该项改建基于以下设想：“赤城”号和“加贺”号航母可与“飞龙”号和“苍龙”号一起，以一种方形阵列进行作战。当时，在“飞龙”号交付使用之前，“赤城”号和“加贺”号的现代化升级已经完成，因此，这种方案的缺点并没有暴露出来。但有关降落试验表明，这种方案并不实用，但到了此时，采取任何补救措施都为时已晚了。

接下来，日本建造的另外两艘航空母舰就排除了这些问题。根据1937年日本“舰队补充计划”而建造的“祥鹤”号和“瑞凤”号航母并不受到《伦敦海军条约》的限制，其标准排水量26 087吨（25 675长吨），搭载72架舰载机，航速达34节。由于日本轻型航母舰载机能够借助甲板上的风力进行起飞，所以该两艘航母均未安装弹射器，但安装了11条拦阻索，其中3条位于防撞护栏前部，8条位于防撞护栏尾部。此外，航母上建有2个机库和3个升降机（1个位于中心线，另外2个分别位于左舷和右舷）。由于借鉴了“飞龙”号航母的经验，设计者们还分别为两艘航母建造了一个小型右舷岛形上层建筑；放弃了在航母两侧建造烟囱的计划，取而代之的是两个弯曲的右舷排烟烟道。

从许多方面来看，“祥鹤”号和“瑞凤”号都是当时日本最好的航母，它们为后来的航母设计奠定了基础。与“龙骧”号航母一样，这两艘航母的干舷（吃水线以上的船身）都很高，因此舰首都比较干燥。它们还分别在船首装配了一个与众不同的大型“0”型水听器，专门用于探测潜艇。“祥鹤”号和“瑞凤”号的防御性武器系统也很强大：8对新型“89型”12.7厘米（5英寸）口径双管防空炮塔，12挺用于近距离防御的25毫米（1英寸）口径三管轻机枪。

日本海军还研制了与美英海军不同的飞行甲板操作系统，由一名空中作战官和两名下级军官在舰桥上指挥空中飞行，另外一名军官负责飞行甲板的飞机滑行等活动。飞机的起飞过程非常简单：空中指挥官或其助手举起一面白色旗帜，这是要求飞行员间隔20秒进行起飞的信号；如果空战指挥官想结束飞行活动，只需放下白旗即可。当飞机返回航母之际，要在距离航母350~550米（400~600码）远的上空顺风飞行，当飞行甲板军官允许飞机降落时，就会发出一种快速闪光信号。然后，最近的一架飞机就飞到距离航母尾部约730米（800码）、距海面约180米（600英尺）的上空进行降落。此外，由于甲板上没有任何帮助飞行员判断降落路线的信号指示系统，因此，飞行员必须根据自己的判断进行降落。为了帮助飞行员判断风向，飞行甲板的前端设有一个蒸汽喷射器，用来显示甲板上的风向；在航母的甲板中心区和甲板边缘还设有几排指示灯，以便飞行员了解自己的飞行高度。

美国遥遥领先

在美国，一些大型产业依靠政府的支持才逐渐走出“大萧条”低谷，造船业就是其中之一。1932年，海军提出建造两艘大型航空母舰，该项计划很快便得以顺利通过，同时也被纳入了1934年的造船规划。但是，作为罗斯福总统的“新政”的一部分，该两艘航母的建造费用将由公共建设工程行政管理部门支付。

美国航空局希望能避免过去曾在“突击者”号上出现的失误，他们坚持认为，新航母的最小排水量应为20 321吨（20 000长吨），航速32.5节，提高对于鱼雷和炸弹的防御能力，除此之外，更重要的是要改进飞行设施，包括建造一个专门用来停放舰载机的机库甲板、装备更多的快速升降机以及极好的炸弹操作管理系统。此外，他们还打算在航空母舰上建造两个起飞甲板。

在“约克城”号（CV—5）和“企业”号（CV—6）航空母舰的设计中，虽然并没有完全采纳上述建议，但与以前的航母相比较，性能已经有了明显的提高。在航母甲板上建有一个右舷岛形上层建筑，能够搭载80架飞机，并安装了三个中心升降机，航速可达33节。此外，还装备了3个飞机弹射装置，其中两个平镶在飞行甲板上，一个横向安装在机库里。从理论上讲，第三个弹射器能够弹射出更多的飞机，但实际上，它却妨碍了机库内的活动空间，并且该装置从未在战时使用过。以上两艘航空母舰保留了露天机库，跑道由横跨航母、厚15.25厘米（6英寸）的柚木地板铺成。为了保持飞机的稳定，整个甲板每隔1.2米（4英尺）就建有一条固定带。据说，飞机可以从飞行甲板的任意一端降落，因此，飞行甲板两端就各建了一套拦阻索。同机库弹射器一样，经过实践证明，这种设计特性并不切合实际，所以不久便被放弃了。

上图：“约克城”号上搭载的SB2C“美洲鹫”俯冲轰炸机最终还是被道格拉斯公司的SBD-5“无畏”俯冲轰炸机所代替，原因是前者的性能令人不太满意。

为了引导舰载机在航空母舰上进行降落，美国和英国也采用了甲板降落指挥官来的方法，人们通常将其称

上图：二战期间的“萨拉托加”号航空母舰。它在太平洋战争中发挥了重要作用，但随着现代化航空母舰的出现，它的局限性逐渐显露出来，其船体规模决定了它只能执行并不十分重要的任务。

为“击球手”，这是一名经验丰富的军官，手持两个外形像乒乓球拍的短桨。当飞机尾钩接近拦阻索的时候，他就会举起短桨，示意飞行员如何纠正飞行高度、位置和飞行姿态。如果看到飞机不能降落的话，他就会及时向飞行员发出拉起的信号，使飞行员重新进行盘旋飞行，等待降落。虽然这种程序无法保证飞机尾钩每次都能顺利钩住拦阻索，却在很大程度上降低了飞机降落时的危险性。

就在此时，美国海军迈出了看似倒退的一步。在航空局的建议下，美国海军理事会批准建造一艘与“突击者”号尺寸相同的航空母舰，排水量15 377吨（14 500长吨），这是因为，美国海军当时已经用完了《伦敦海军条约》所规定的大部分吨位，如果再加上这艘15 377吨的航母，美国海军舰船总吨位将达到137 165吨（135 000长吨），这是可允许的最大吨位。然而，这艘舷号为CV—7的新型航母克服了“突击者”号航母的缺点，实际上是“约克城”号航母的缩影，为了保持搭载尽可能大的航空大队，牺牲了自己的航速。根据设计，该艘航母具有3个中心线升降机，在建造时，其前面的一个升降机被一个新型的T形升降机所代替，其位置在岛形上层建筑对面的左舷甲板边缘。当飞机起落架放在升降机的横杆下，同时尾轮放在升降机底部时，该T型升降机正好可容纳1架飞机。在不使用时，该升降机就被垂直折叠起来，其主要用途是加快飞机从机库到飞行甲板的运送速度。同“约克城”级航空母舰一样，它也配备了一个横贯甲板的弹射器。尽管这些改革并非都很成功，却从一个侧面表明，美国海军已经抓住了最基本的前提，那就是：舰载机只有在升空时才能成为一种有生力量。更重要的是，这一概念大大推进了美国海军的前进步伐，使其在世界航母设计发展方面远远领先于其他国家海军。

1935年，建造CV—7号航母的合同交给了伯利恒钢铁公司。1939年4月，该艘航母下水，并被命名为“黄蜂”号航母，一年后正式服役。由于和平时期航母的补充工作已经完成，“兰利”号航母被降级为一艘水上飞机母舰，其将近一半飞行甲板被拆掉。此后，这艘航母“老兵”为海军作出了突出的贡献，但由于速度太慢，它无法与舰队一起行动。

下图：1925年10月3日，“列克星敦”号航空母舰下水。1927年年底，她与姊妹舰“萨拉托加”号（CV.3）一起开始服役。

海军航空兵的遗憾

20世纪30年代，有关“集体安全”和“国际联盟”均未能阻止纳粹德国的兴起，英国非常不情愿向这一现实妥协，于是从1936年开始，英国开始实施重整军备的计划。当时，英国在许多方面，尤其是海军航空方面存在着严重缺陷。由于在过去，海军航空兵部队在空军部的管理下一直未能得到发展，因此现在他们处于一种相当危险的境地。英国皇家空军控制着飞机的采购权，而且由于对高空轰炸机极度崇尚，所以他们根本就不允许购买俯冲轰炸机；同时，海军在陆基飞机性能的探索方面也得不到鼓励和支持。此外，许多热衷于航空事业的海军军官在1918年都转入了皇家空军。在当时，英国海军部的一些高层军官认为，空军力量必须服从于作战舰队的需要。

由于海军航空兵坚持认为，所有的舰载机都必须携带一名观测员，并能够经受住降落时产生的震荡，因此，英国皇家空军历史学家对于海军航空兵出现的一些问题横加指责。其实，当时的美国海军也面临着同样的问题。事实上，这些问题一部分应该归咎于英国皇家空军，另一部分应当归咎于海军飞机制造商，他们并没有认真考虑如何来解决这些问题。在当时，人们很难相信，那些能够制造出“飓风”式和“喷火”式战机的制造商竟然无法为海军制造出所需的飞机。

“剑鱼”式飞机的生产经历最能说明英国在海军航空兵发展方面留下的遗憾。1933 年，TS R .1 型双翼鱼雷侦察机设计成功，其最大飞行速度 220 千米 / 小时（138 海里 / 小时），携带 1 枚 45.7 厘米（18 英寸）口径鱼雷，其机载防御性武器包括 1 挺由观测员操纵的 7.7 毫米（0.303 英寸）口径机枪和 1 挺通过螺旋桨毂进行射击的机关枪。相比而言，早在一年前（1932 年），美国海军就从柯蒂斯公司订购了一架气 XF12C — 1 原型机，这是一种可以进行俯冲轰炸的双座战斗机，但其伞翼还不够强壮，无法进行俯冲轰炸。该架飞机与“剑鱼”原型机一样，在测试阶段就坠毁了。1935 年，这种飞机再度以双翼飞机的机型出现，它就是 XSBC — 2 型飞机，具有侦察和轰炸能力，飞行速度 352 千米 / 小时（220 海里 / 小时）。1927

上图：舰载机停放在后方甲板的“企业”号航空母舰，参加了从中途岛到菲律宾海的太平洋上所有的重要海战。

年，美军在“兰利”号航空母舰上对道格拉斯公司生产的T2D型双发动机鱼雷攻击机进行了飞行试验，其最大飞行速度与6年后制造的“剑鱼”飞机飞行速度相当。更确切地说，1933年，日本也订购了一种双翼俯冲轰炸机，其最大飞行速度达272千米/小时（174海里/小时）。事实上，设计一种适合在航空母舰上起降的战斗机并不简单，为了保持平衡，该机型的设计工作必须包括下述特性：足够快的飞行速度以满足截击敌机的需要；足够远的航程以满足为俯冲轰炸机和鱼雷攻击机护航的需要；必须坚固且体积受到严格的控制。这就意味着，海军舰载战斗机可能会比陆基战斗机要重，但其机动性也会更强。令人高兴的是，科学技术的不断发展为飞机设计者提供了帮助，随着飞机的折翼和着陆襟翼技术的出现，航速较低的飞机性能得到了改善。

英国航空母舰的新发展

正是在这种对于先进观念和低劣（飞机）性能迷惑不解的背景下，英国皇家海军重新回到了航空母舰的研制工作上，其所取得的第一项成果就是“皇家方舟”号，这艘航空母舰不仅在技术上已经达到了相当高的水平，而且注定要成为二战期间的航母家族中最著名的一员。1930年，当英国和美国将《华盛顿海军裁军条约》有关条款

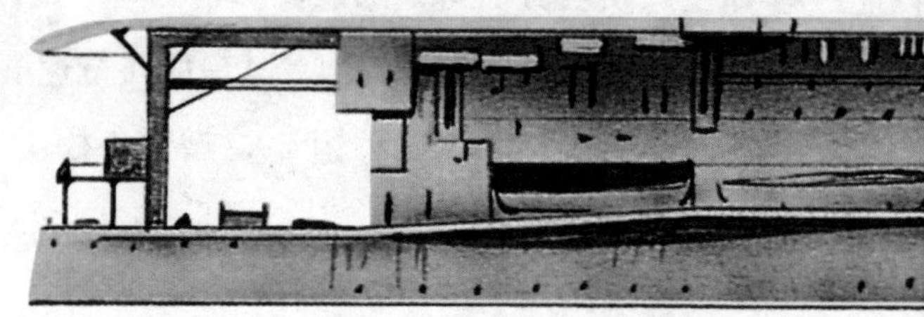

下图：日本“凤翔”号与英国“竞技神”号属于同时代航空母舰，它有着三重折叠烟囱，飞行甲板非常空旷。

技术参数

“龙骧”号

排水量：10150 吨（9990 长吨）

舰长：173.5 米（575 英尺 5 英寸）

舰宽：23 米（75 英尺 6 英寸）

吃水：5.5 米（18 英尺 3 英寸）

动力装置：双螺旋桨涡轮机

航速：29 节

武器系统：12 门 12.7 厘米（5 英寸）口径火炮

舰员：924 人（1936 年后）

舰载机：48 架

上图：“剑鱼”式飞机。

上图：日本设计师们希望将“龙骧”号建成一艘排水量小但威力巨大的航空母舰，但这一努力最终还是失败了。

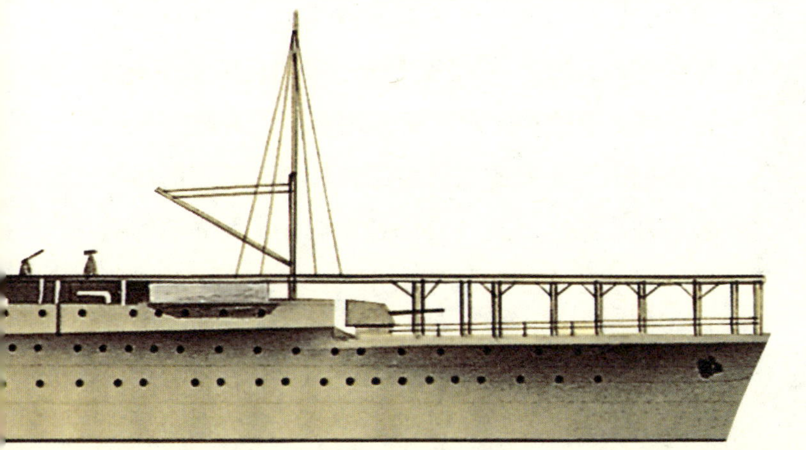

技术参数

“凤翔”号

排水量：10 160 吨（10 000 长吨）

舰长：168 米（551 英尺 6 英寸）

舰宽：21.3 米（70 英尺）

吃水：6 米（20 英尺 3 英寸）

动力装置：双螺旋桨涡轮机

航速：25 节

武器系统：4 门 14 厘米（5.5 英寸）口径火炮

舰载机：26 架

限期再次延长5年之际，英国海军部为海军航空兵制定了一项新政策：决定在25年内，建造5艘分别搭载72架飞机的大型航母，并用来替换“百眼巨人”号、“暴怒”号、“鹰”号、“勇敢”号和“光荣”号航母。由于当局对于军费的限制，英国海军部同意建造22 353吨（22 000长吨）的航母，放弃了建造《伦敦海军条约》所限定的27 433吨（27 000长吨）航母。1934年，第一艘新型航母建造计划得到批准，采用的是排水量较小的方案。

由于担心海军航空兵地位的提高会对自己的利益造成影响，英国皇家空军坚决反对建造这种新型航空母舰。实际上，应该有更好的方法可以同时满足海军航空兵和空军的需要，但不幸的是，英国皇家空军常常因为自己的地位“卑微”而自惭形秽，他们总是把大量的时间和精力浪费在对外强调“空军力量不可分割”的问题之上。当时，任何有关发展海军航空兵的理念都与皇家空军所强调的战略轰炸理论发生激烈冲突。尽管许多人对于飞机能够击沉舰船的能力予以充分的肯定，但英国皇家空军却在俯冲轰炸、鱼雷轰炸以及对潜攻击方面无所作为。

直至1935年，英国的财政状况才得以好转，海军才能够订购“皇家方舟”号这种新型航母。英国海军最初考虑将这艘新型航母命名为“水星”号，但到了后来，他们决定以皇家海军第一艘航空母舰的名字来为之命名。1937年4月，在新型航母“皇家方舟”号下水之前，早先那艘“皇家方舟”号旧式水上飞机母舰被重新命名为“飞马座”号。设计小组最先考虑的是：在航母排水量有限的情况下，最大限度地扩展飞行甲板，所以，他们尽量延伸了航母前后甲板，使其总长度达到24.3米（80英尺）。此外，机械装置的设计应该能够满足航母瞬间加速和减速的要求，用以调节甲板风速；实际上，“皇家方舟”号的机械装置既具备了战列舰的功率输出，也具备了驱逐舰的特性。有关船模实验室的试验表明：较短和更宽的船体将更加理想。因此，设计者们摈弃了原先“约克城”号和“飞龙”号所采用的9:1或10:1的船体长宽比例，将“皇家方舟”号船体的长宽比例设置为7.6:1，这样一来，就能既保持航母本身的稳

下图：1936年，“兰利”号的飞行甲板前部被拆除，改装成为水上飞机母舰。在其短暂的战斗生涯中，作为美国海军第一艘航空母舰，它一直承担着运输飞机的任务，直到1942年2月被日本轰炸机炸沉。

定，又能具备较好的航速。燃油储放系统与皇家海军过去的航母一样，每个圆形油桶储备 386 吨（380 长吨）燃油，油桶与船体分开，以免在爆炸时因油桶与船体发生碰撞而导致油桶破裂。不过，为了避免海水渗入燃油的危险，皇家海军采用压缩空气系统代替盐水转换系统，这种做法尚属首次。

美日两国的航母飞行甲板和机库没有任何保护，但仓库、航空燃油筒和机械装置却由与下层机库甲板处在同一水平线的 8.9 厘米（3.5 英寸）厚的装甲甲板提供保护。11.4 厘米（4.5 英寸）厚的船体侧面装甲、一个较浅的防鱼雷“护体”和一个 3.8 厘米（1.5 英寸）厚的内部防鱼雷舱壁可保护航母免遭炮火和鱼雷的袭击。据计算，该艘航母可抵御 6 400 米（7 000 码）以外的巡洋舰 15.25 厘米（6 英寸）口径火炮的炮火、从 2 137 米高空所投掷的 227 千克（500 磅）重的炸弹，以及 340 千克（750 磅）重的鱼雷弹头的打击，不会受到损害。

该级航母建有两个机库，它们均设有通风条件较好的通风口，并且配备了精良的防火设施，其中包括钢板门、海水喷洒装置和防止燃油蒸汽扩散到机库外部的气塞。但这些装置也带来了负面影响，当航母的设计方案最终确定时，舰载机的数量已经从 70 架减少到 60 架。与美国和英国

上图：英国皇家海军“皇家方舟”号航空母舰在地中海海域击退了德军的空袭。1941 年，“皇家方舟”号面对敌军的猛烈轰炸和鱼雷攻击，运载了大约 170 架“飓风”战斗机增援驻守马耳他的盟军部队。然而，就在一次完成运送任务返航途中，“皇家方舟”号被德国 U-81 号潜艇击沉。

上图：1938 年，朴次茅斯海军造船厂的一艘小型叶轮拖船将“皇家方舟”号航空母舰推离码头。

的早期航空母舰不同，“皇家方舟”号的飞行甲板是钢质的，它的前、后两端都有一个下倾斜坡。早在一战末期，从对“暴怒”号和“鹰”号模型进行风洞试验开始一直到现在，英国一直关注着空气动力学的因素。就连“皇家方舟”号的上层建筑也被设计成机翼形状，以便减小湍流。这种设计对于保证舰载机的正常起降非常必要。然而，由于美国海军飞机都很坚固，因此，航母岛形上层建筑的形状问题基本上没有引起人们的注意。“皇家方舟”号与“列克星敦”号和“萨拉托加”号有一点非常相似，它们的飞行甲板构成了船体上部的“坚硬”甲板或船体的上层主梁，这种设计的可行性是通过避免在航母的侧面开口来实现的，而对于开放式机库的概念来讲，在侧面开口是一种最基本的要求。由此，这就引出了另一个问题：航母只能配备相对较小的升降机，以避免开口穿透航母主梁。此外，分别位于航母前

技术参数

“皇家方舟”号
排水量：28 164吨（27 720长吨）
舰长：243.8米（800英尺）
舰宽：28.9米（94英尺9英寸）
吃水：8.5米（27英尺9英寸）
动力装置：涡轮机，三轴推进
航速：31节
武器系统：16门11.4厘米（4.5英寸）口径火炮
舰员：1 580人
舰载机：60架

下图：1937年，“皇家方舟”号航空母舰建成下水，此时正值英国政府决定将海军航空兵的指挥权重新交还给皇家海军掌管之际。

部和后部右舷的两个升降机只有6.7米（22英尺）宽，另一个位于岛形上层建筑对面靠近左舷的升降机也只有7.62米（25英尺）宽。以上3个长度13.72米（45英尺）的升降机可使飞机在机库周围自由移动。然而，英国却在这一方面弄巧成拙，每个升降机都有上、下两个平台，以便将飞机从下机库维修间提升到上机库，但在将受损飞机从飞行甲板运送到下层机库之际，升降机运行速度就显得缓慢而且笨拙。另外，由于起重机过于狭窄，在上下运送之前，飞机机翼必须折叠起来。该艘航母的飞行甲板前端安装两个液压弹射器，它们与“约克城”号航母上的弹射器不同，

下图：英国皇家海军“皇家方舟”号航空母舰装备了114毫米厚的装甲防护带。飞行甲板的防护装甲厚63毫米，起重机偏置。2座114毫米高射炮配置在飞行甲板边缘，这为它们提供了最佳的射击视野。

与其说它们是一种真正意义上的弹射器，还不如说是一种加速器。美国的舰载弹射器都是将飞机直接弹射出去，而“皇家方舟”号则要求先将飞机吊放在一辆有轨电车上，然后让电车以66节的速度向前推进。航母上还设有8条拦阻索和一张安全防护网，这是英国航空母舰第一次配备这些装置。1926年，英国海军航空兵曾在“暴怒”号上进行了首次夜间降落试验，而到了现在，“皇家方舟”则装配了一套综合系统，包括甲板边缘指

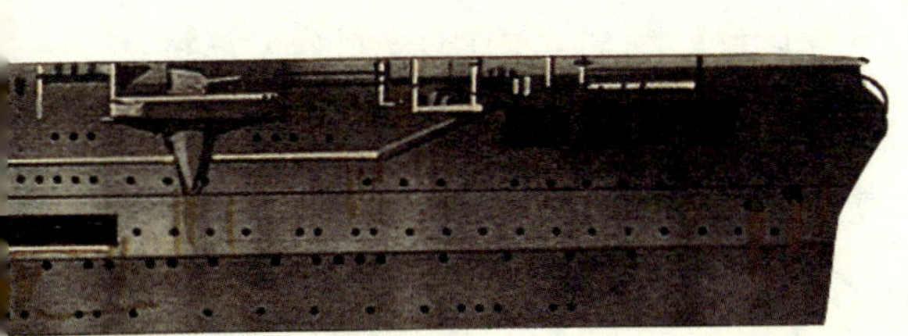

示灯、下降角及深度感知指示器。随后，该艘航母得到了进一步的改进，其侧面安装了大量的识别灯，以帮助返回的飞行员识别自己的航母，但这种灯在实际运用中并没有多大用处。

英国皇家海军对于“皇家方舟”号航母进行了大量的精心设计，此举反映出他们在战略思想上发生了重大转变。他们对于英国皇家空军的指挥能力不再抱有幻想，这一点促使英国皇家海军“航空意识”的复苏。此外，新一代海军将领们为夺回对海军航空兵的指挥权进行了长期不懈的斗争。荒谬的是，正是由于英国皇家空军对于战略轰炸理念存在的成见，才最终使得皇家海军赢得了辩论的胜利。1937 年夏天，英国政府宣布，计划在两年内把海军航空兵移交皇家海军管辖，但同时允许英国皇家空军保留大量的飞行员和维修人员，这样一来就给皇家海军制造了一个大难题。

下图：英国皇家海军“皇家方舟”号航空母舰的船尾与众不同，其外伸幅度很大，可提供最大长度的飞行甲板。

随着欧洲局势的进一步恶化，英国再也不能像从前那样 5 年才建造一艘航空母舰，他们必须加快生产步伐。在“皇家方舟”号建造计划获准两年后，英国皇家海军在 1936 年的财政预算中又增加两艘 23 369 吨（23 000 长吨）的航空母舰建造计划。总审计官里吉纳德·汉德森海军少将坚持不再重复“皇家方舟”号的设计方案，要求改革航空母舰的设计理念，提议在航空母舰上建造装甲飞行甲板和装甲机库。他认为，以前的航空母舰缺少性能优越的现代化战斗机，使得它们轻易地暴露在敌人优势的陆基空军面前；航母舰载机在敌人的空袭中应该得到装甲的保护，这样才能免遭敌人的袭击，而防空任务则应交给舰炮系统来执行。然而，汉德森少将的构想忽略了两个因素：其一，仅靠舰炮不可能实现对于航空母舰的保护；其二，航空母舰战斗空中巡逻大队对敌人的威慑作用，它们至少能够破坏敌机飞行编队。经过试验证明，箱形装甲机库需要装备 7.62 厘米（3 英寸）厚的顶部装甲和 11.4 厘米（4.5 英寸）

厚的侧面装甲，同时，为了抵御敌机的俯冲轰炸，航空母舰还要装备 8 对 11.4 厘米口径的火炮和大量的多用途轻型舰炮。

尽管新型航空母舰的设计工作相当复杂，但汉德森仍然设法在 3 个月内完成了全部设计工作。1937 年年初，“卓越”号和“胜利”号两艘航空母舰开始建造，并计划于 1939 年下水。根据 1937 年的海军预算，英国海军还订购了两艘同样型号的航空母舰，分别是“可畏”号和“不屈”号。为了弥补前两艘航空母舰舰载机数量（只有 36 架）不足的缺陷，英国皇家海军对“不屈”号航空母舰的设计方案作了改进，在下甲板建了半个机库。为了平衡所产生的额外重量，机库的高度从 4.9 米降到 4.27 米（从 16 英尺降到 14 英尺），同时也减小了机库侧面装甲的厚度。

当时，美日两国在有关海军条约里将英国皇家海军航空母舰的吨位限制在 27 433 吨（27 000 长吨）之内，英国政府引用了这一具有伸缩性的条款，这样一来，有关在 1938 年和 1939 年海军预算中建造另外两艘航空母舰的计划就搁浅了。英国政府此举的目的是企图再建造一艘类似“皇家方舟”号的装甲航空母舰，该舰将建设 2 个能容纳 72 架飞机的大型机库，并装备更大的动力系统。理论上，这一方案原本应是一个理想的解决方案，但在实际应用中，“不协”号和“不倦”号航空母舰还不如“卓越”级成功，其原因一是战时资金的短缺，导致“不协”号和“不倦”号直到 1944 年方才建成；二是由于设计准备工作的匆忙导致以上两艘航空母舰存在着几处缺点；三是机械装备的增加造成空间不足，再加上规模更大的航空大队需要更多的维修人员，这样一来，势必导致航空母舰下甲板机库的前半部分只能提供给人员居住。因此，这两艘新型航空母舰并不比过去的航空母舰更有效。

上图：照片上是英国皇家海军“皇家方舟”号航空母舰、“声望”号战列巡洋舰和“谢菲尔德”号巡洋舰。在追击德国海军“俾斯麦”号战列舰时，“皇家方舟”号上的“剑鱼”鱼雷攻击机误炸了“谢菲尔德”号，但这一错误通过在恶劣天气条件下大胆使用鱼雷攻击，最终打断“俾斯麦”号的船舵而得到了补救。

法国航空母舰的研究为时已晚

法国海军航空兵的发展比较晚。1935 年，有人建议将航速较快但作战能力较弱的“迪凯斯纳”号和“图尔维尔”号重型装甲巡洋舰改建成航空母舰。法国海军经过认真考虑后否决了这些建议，因为其所提出的舰载机航空大队只有 12~14 架飞机，这无异于将原本就很平庸的巡洋舰又改装成毫无用处的航空母舰。根据 1938 年的计划，法国海军订购了两艘 18 289 吨（18 000 长吨）的航空母舰，分别是“贾富尔”号和“佩恩利维”号，均将建造两个机库和一组 12.9 厘米（5.1 英寸）口径双管防空火炮，并配备 40 架舰载机；此外，左舷位置将建造一条 200 米（655 英尺）长的飞行甲板，其上层岛形建筑与巡洋舰一样非常庞大。由于尺寸的限制，这两艘航空母舰均未能装备厚装甲，只是在仓库顶和吃水线周围配备 10.2 厘米（4 英寸）厚的一条装甲带。1938 年 11 月，“贾富尔”号航空母舰开始建造，但当德国入侵法国时，其建造工作只完成 28%，而其姊妹舰“佩恩利维”号居然还没有开始建造。除了主要的机械装置之外，“贾富尔”号的所有材料都被德国人毁掉。1946 年，法国当局将“贾富尔”号上尚未受损的机械装置拆卸下来，用来建设布雷斯特兵工厂的发电站。

1935 年，德国海军第一艘航空母舰“齐柏林伯爵”号建造计划获得批准并开始建造，1938 年

技术参数

“齐柏林伯爵”号

排水量： 28 540吨（28 090长吨）

舰长： 262.5米（861英尺3英寸）

舰宽： 31.5米（103英尺4英寸）

吃水： 8.5米（27英尺10英寸）

动力系统： 四螺旋桨涡轮机

航速： 35节

武器系统： 12门10.4厘米（4.1英寸）、16门15厘米（5.9英寸）火炮

人员编制： 1 760人（估计）

舰载机： 42架

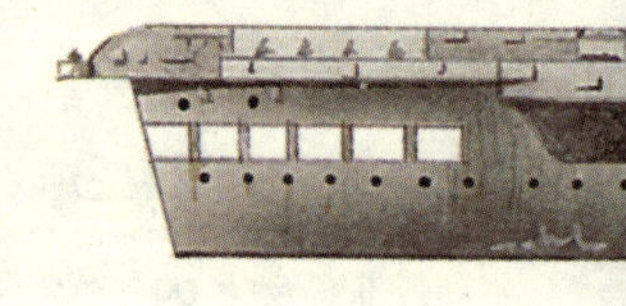

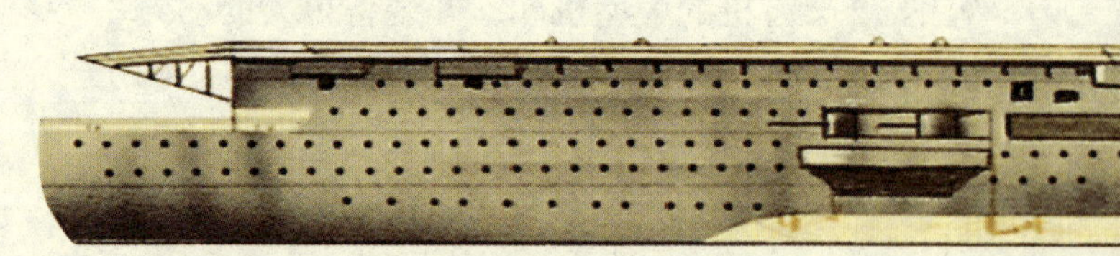

12 月建成下水。1939 年，德国第二艘航空母舰“彼得 · 斯特拉斯”号的建造计划得到批准，但截至二战爆发前，有关建造工作几乎没有取得任何进展。与德国海军和空军之间的激烈争斗相比较，英国皇家海军与皇家空军之间的矛盾不过是小菜一碟而已。在德国，保守的雷德上将与夸夸其谈的赖克斯马休 · 戈林之间存在着严重的分歧，在宫廷政治方面，雷德上将根本不是戈林的对手，同时，他们总是就航母舰载机的机型问题进行着永无休止的争论。另外，德国海军在航空母舰的建造和运作方面也毫无经验，他们设计的 23 369 吨（23 000 长吨）的航空母舰吸收了其他国家航空母舰的设计特点，因此，既具备了那些航空母舰的一些优点，也继承了一些缺点。德国海军在该艘航空母舰的飞行甲板上安装了轻型防碎片保护装置，在机库甲板上安装了厚装甲，并在吃水线以上安装了 10.2 厘米（4 英寸）厚的装甲带。另外，航空母舰上装备的重型武器包括：16 门 15

左图：“卓越”级可能是二战时最坚固的航空母舰了，其厚重的装甲能够抵挡重型轰炸，但在获取这种防护能力的同时，它们不得不大幅减少舰载机的数量。

左图：德国“齐柏林伯爵”号航空母舰的设计方案存在着诸多缺陷。德国人就该舰的舰载机问题进行了激烈的争论，但始终未能找到一个满意的解决方案。

厘米（5.9 英寸）口径低仰角火炮和 6 门 10.5 厘米（4.1 英寸）口径的双管防空火炮。此外，该艘航空母舰具有强大的动力系统，可产生 149 140 千瓦（200 000 马力）的动力，航速达 34 节，但其搭载的舰载机只有 40 架。

建造“大黄蜂”号航空母舰

此时的美国继续奉行“孤立主义”政策，听任欧洲去独自应对德国独裁者的肆意扩张行为。但在 1938 年 5 月，美国国会通过了《海军扩军法案》，该法案充分利用了 1930 年签署的海军裁军条约即将期满的有利条件，批准了有关建造 40 642 吨（40 000 长吨）新型航空母舰的计划。虽然该条约允许美国建造吨位不超过 27 433 吨（27 000 长吨）的航空母舰，但其总吨位却不能超过 177 809 吨（175 000 长吨），因此，海军全体委员会决定先订购一艘“约克城”级的 CV—8 号航空母舰，以便腾出时间设计 27 433 吨（27 000 长吨）的新型航空母舰。接下来，该艘舷号 CV—8 的航空母舰被命名为“大黄蜂”号，并在“企业”号航空母舰开始服役仅仅 5 天后就获得批准进行建造。1939 年 9 月，这艘航空母舰下水，就在此时，第二次世界大战正式爆发。

下图：1943 年 7 月 11 日，美国海军“约克城”号航空母舰（CV—10）在返回太平洋的途中穿过巴拿马运河。

订购“大黄蜂”号航空母舰的决定之所以正确，不仅因为它为设计世界上最先进的新型航空母舰赢得了时间，而且还因为它及时地为美国海军提供了一艘快速航空母舰，以便与日本进行交战。1939 年 6 月，BuC & R 公司提出了 CV—9 号航空母舰及其后继舰的设计方案，这就引起此后的 CV—9 A 号至 CV—9F 号航空母舰设计方案的出炉。在 1939 年 7 月至 1940 年 1 月期间，以上几艘航空母舰的建造工作相继完成。此时，美国海军又开始面对困扰自己 20 年的同一问题：到底应该建造大量的作战能力较差、需要其他舰船保护的航空母舰，还是建造能够搭载大型航空队、可进行主动进攻的大型航空母舰？人们还应该记住：当时，美英两国都在试图使用有限的预算建造低成本的航空母舰，尽管二者均在积极备战，但又缺乏为保护国家利益所需的政治支持。

众所周知，美国最终选择了大型航空母舰的建造方案，该决定对于二战的最终结果产生了巨大的影响。美国海军提出的最基本要求是增加舰载机的数量，同时提高航空母舰的航速，并加强航空母舰的保护措施，这就导致了航空母舰的吨位越来越大，从 20 323 吨（20 400 长吨）的 CV—9A 号航空母舰，到 25 501 吨和 26 417 吨（25 000 和 26 000 长吨）的 CV—9E 号和 CV—9F 号航空母舰，远远超过了“约克城”号航空母舰的设计。

正如英国皇家海军所发现的那样，舰载机大队规模的扩大带来了许多不容忽视的新问题，譬如：如果航空大队的规模增加 10%，甲板面积就必须增加 10%；更大、更重的飞机需要更多的燃油，即便不用更大型的防护装置来防范敌人的重型武器，但燃油和军火的增加也需要更多的装甲来保护；更大型的飞机需要更大型的起重机、力量更大的弹射器以及改进型飞行甲板加油设备。实际上，设计者们很快就意识到，即便想有效地操纵与“约克城”号上数量相同的舰载机，也需要更大型的航空母舰。但长期以来，始终有着这样一个阻碍美国海军建造大型航空母舰的因素：为了穿越巴拿马运河的需要，美国只能建造最大宽度在 33 米（108 英尺）以内的航空母舰。

上图：1941 年，新建成的航空母舰“大黄蜂”号进行海上试航。该舰在珍珠港事件发生前几周加入现役，1942 年 3 月离母港赴太平洋地区执勤。

在设计 CV—9 号航空母舰的过程中，美国海军还有另外一方面的考虑，即下一次战争的战场将在哪里？美国人清楚地认识到，英国不再是一个潜在的敌人。在太平洋战场上，航空母舰作战需要更大的航程，而远航抗风浪能力也同等重要；此外，能否拥有 27 780 千米（15 000 海里）/ 15 节的续航力也是航空母舰最基本的保证之一。但是，如果要想保持设计的平衡，就必须有所取舍，因此，计划的 35 节航速被降到了 33 节，舰载机大队的飞机减少到 80 架。同时，还将搭载的备用发动机和散装飞机配件数量减少到 25%。因此，

	CV－5	CV－9F
排水量	20 118 吨（19 800 吨）	26 417 吨（26 000 吨）
舰长	232 米（761 英尺）	250 米（820 英尺）
舰宽	25 米（83 英尺）	27.7 米（91 英尺）
吃水	6.6 米（21 英尺 9 英寸）	8 米（26 英尺 6 英寸）
动力（千瓦）	89 484	111 855
航速（节）	33	35
航空燃料	178 000 克	220 000 克
舰载机	81 架	90 架

CV—9 号航空母舰的最后设计吨位为 27 535 吨（27 100 长吨）。

1940 年夏天，美国国会通过了《舰队扩充（11%）法案》和《两洋海军议案》，从而自动放弃了所受的航母吨位限制。前者批准了建造 3 艘 CV—9 级航空母舰的计划，后者批准了 8 艘航空母舰建造计划。在接下来的两年内，尽管这些航空母舰无法全部建造完毕，但它们最终成为打败日本的利器。其中，一些在美国历史、乃至世界战争史上功勋卓著的航空母舰有：“埃塞克斯”号（CV—9）、“好人理查德”号（CV—10）、“勇猛”号（CV—11）、“基尔萨奇”号（CV—12）、“富兰克林”号（CV—13）、“汉科克”号（CV—14）、“伦道夫”号（CV—15）、“卡伯特”号（CV—16）、“邦克山”号（CV—17）、“奥利斯坎尼”号（CV—18）和“提康德罗加”号（CV—19）。后来，为了纪念在二战中损失的那些航空母舰，有很多新型战舰重新使用了这些名字。

右图：意大利“天鹰座”号航空母舰由一艘大型班轮改装而成，实际上，它的改建工作从未完成。此舰后来被德国人击沉。

上图：1942 年 8 月 8 日，美国海军“黄蜂”号(CV–7)航空母舰停泊在珍珠港。仅仅 1 个月后该舰被击沉。该舰的水下防护能力比“约克城”号还要薄弱。

技术参数

“天鹰座”号

排水量：28 810 吨（28 356 长吨）

舰长：231.5 米（759 英尺 6 英寸）

舰宽：29.4 米（96 英尺 5 英寸）

吃水：7.3 米（24 英尺）

动力装置：涡轮机，四轴推进

航速：32 节

武器系统：8 门 13.5 厘米（5.3 英寸）口径火炮

人员编制：1 165 名舰员，24 名空军人员

舰载机：36 架

英国皇家海军“卓越”号航空母舰。“金枪鱼”式飞机（机翼被折叠）停放在甲板上，一架“海火”式飞机停放在岛形上层建筑前面。

III 战争中的航空母舰

二战初期英国皇家海军的航空母舰在海上取得了一些辉煌的胜利。此外，航母舰载机击沉德国战列舰的胜利标志着未来海军作战模式的形成，并预示着战列舰的海上霸主地位即将结束。随着美国海军在太平洋上取得战略主动权，其航空母舰对日本海军发起了一系列毁灭性打击。

1939 年 9 月 3 日，当英国对德国发出的最后通牒期限届满之际，其战略态势与 1914 年 8 月有着许多相同之处。英国皇家海军本土舰队驻扎在奥克尼群岛的斯卡帕湾，严防德国海军突入大西洋海域，而地中海的防御任务则由法国海军担负。当时，英德两国军事力量的主要差别在于空中，许多人认为，德国空军及潜艇部队将彻底摧垮英国皇家海军的传统优势。此外，尽管意大利仍然保持中立地位，但有一点却不容置疑，它最终必将作为德国的盟国参加战争。

最初发生的一系列事件似乎证实了上述观点。在英国海军部针对德国 U 型潜艇的错误攻击行动中，皇家海军“皇家方舟”号、“勇敢”号、“暴怒”号和“竞技神”号航空母舰组成了一支“猎潜大队”，其中，每艘航母配备 4 艘驱逐舰担任护

上图：1939 年或 1940 年，停放在英国皇家海军“皇家方舟”号航母舰尾升降机上的一架“剑鱼”式飞机正在接受检查。

航任务，这些驱逐舰都是从本土舰队调来的，被派往西部海上通道和其他区域进行巡逻。英国海军部此举的主要目的在于支援任何遭到德国U型潜艇攻击的护航运输队，但他们却犯了两个致命的错误：第一，由于皇家海军的航空母舰数量太少，不应该让它们冒险在大批潜艇出没的海域巡逻；第二，每架航母舰载机只能携带1枚反潜炸弹，杀伤力太低。

“皇家方舟”号

9月14日，正当“皇家方舟”号航空母舰在赫布里底群岛西部游弋之际，舰上观察员突然在船尾处发现鱼雷航迹，其护航驱逐舰立即采取行动，用深水炸弹将德国U－39号潜艇炸出水面。可以说，在这次事件中，“皇家方舟”号还算是比较幸运的。仅仅3天后，“勇敢”号航空母舰却付出了沉重的代价，被德国U－29号潜艇用3枚鱼雷击沉，舰长及518名舰员全部葬身大海。在这种情况下，英国海军部立即撤回剩余的几艘航空母舰，但其所遭受的损失已经无法挽回了。对于英国皇家海军来说，“勇敢”号航空母舰的沉没是一项巨大的损失，其程度甚至比一个月后被鱼雷击沉的“皇家橡树”号战列舰还要严重。

此外，英国海军部还存在着其他方面的问题。在战争爆发前一周，德国两艘大型商船袭击舰——“施佩伯爵”号和“德意志”号袖珍战列舰悄然突入大西洋，对英国海上交通线构成严重威胁。“德意志”号在击沉两艘商船后返回德国，

技术参数

“迪克斯马德”号

排水量： 11 989吨（11 800长吨）

舰长： 150米（49英尺10英寸）

舰宽： 23米（78英尺）

吃水： 7.65米（25英尺2英寸）

动力装置： 单螺旋桨，柴油机

航速： 16节

武器系统： 3门102毫米（4英寸）和19门20毫米口径火炮

人员编制： 555人

舰载机： 15架

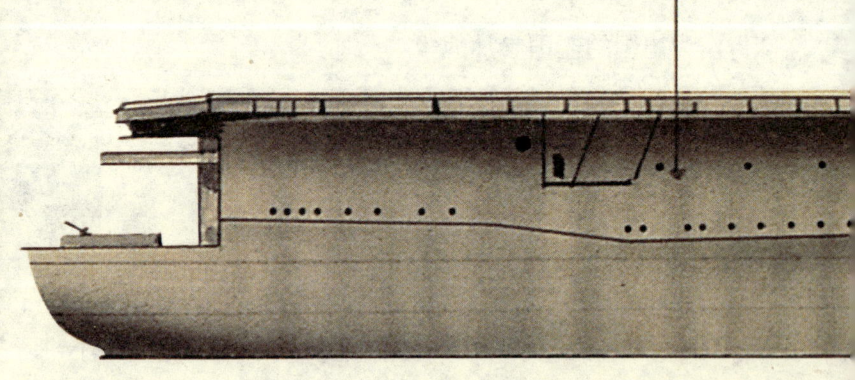

但“施佩伯爵”号却消失在茫茫无际的南大西洋之中。为此，英国海军部和法国海军组成8支“大西洋搜索分舰队”，其中3支以航空母舰为核心：

I搜索分舰队：由英国“鹰”号航空母舰和两艘巡洋舰组成，在锡兰（斯里兰卡）附近海域活动。

K搜索分舰队：由英国“皇家方舟”号航空母舰和“声望”号战列巡洋舰组成，在伯南布哥附近海域活动。

L搜索分舰队：由“贝恩”号航空母舰和“斯特拉斯堡”号战列巡洋舰及3艘巡洋舰组成，在布雷斯特外海活动。

此外，英国“暴怒”号航空母舰和几艘主力舰前往哈利法克斯，为加拿大护航运输队提供保护，“光荣”号航空母舰则穿过苏伊士运河进入印度洋。截至12月份，尽管以上几艘航母均未发现“施佩伯爵”号，但当激烈的普拉特河口战役结束

下图：英国的“勇敢”级航空母舰“勇敢”号和“光荣”号的舰载机大队包括16架“捕蝇器”战斗机、16架侦察机和16架“鲨鱼”鱼雷轰炸机。

左图：法国“迪克斯马德”号护航航空母舰向印度支那运送了大批飞机。其前身是英国“拜特”号航空母舰，是从美国租借的3艘护航航空母舰中的一艘。

之后，希特勒却误认为“皇家方舟”号和“声望”号也参加了追歼“施佩伯爵”号的战斗，于是下令该艘战列舰自沉于蒙得维的亚外海。

1940 年 4 月，德国入侵挪威，此举标志着海上战争的进程发生了急剧变化。在这次战役中，尽管德国遭受的损失对于英国皇家海军的损失来讲似乎是一点可怜的补偿，但实践证明这种损失对于以后的战争起到了决定性作用。此外，在这场指挥不当的战役中，英国海军航空兵的飞行员们得到很多宝贵的经验教训。第一个参战的是英国“暴怒”号航空母舰，但它的舰载机大队在此之前却被送到岸上进行集中训练。4 月 9 日，即德国开始入侵挪威后的第二天，“暴怒”号航母搭载两个“剑鱼”式战斗机中队从克莱德湾起航。两天后，英国皇家海军舰载机在特隆赫姆附近对一艘驱逐舰进行了一次攻击，但结果很不成功。次日，舰载机又攻击了挪威纳尔维克港内的德国舰船，并对该海湾进行了侦察，为英国驱逐舰下一步对于海湾发动的水面进攻做准备。

下图：1940 年，英国“皇家方舟”号航空母舰的飞行甲板，其上最显著的装置是一台甲板起重机。它的翼状岛形上层建筑非常小。

3 月份，“皇家方舟”号航空母舰在经过短期改装后前往地中海海域值勤。4 月 10 日，正当该舰随同“光荣”号在亚历山大港停泊的时候，突然接到返回英国本土并加入本土舰队的命令。最初，当“皇家方舟”号前往地中海之际，把 15 架“贼鸥”战斗机 / 俯冲轰炸机留在奥克尼群岛，4 月 10 日，这些飞机用 3 枚 227 千克（500 磅）重的炸弹击沉了位于卑尔根的德国“柯尼斯堡”号轻巡洋舰，该艘德舰成为第一艘完全被飞机击沉的战舰。4 月 23 日，“皇家方舟”号和“光荣”号奉命驶往挪威，援救因缺少战斗机而被牵制的“暴怒”号航空母舰。

此时，“暴怒”号的飞行员正在挪威进行演练。在导航设备极其简陋的情况下，飞行员不得不飞越高山，躲避横跨海湾的电缆，穿过浓雾和暴风雪，最后返回覆盖着薄薄冰雪的飞行甲板上。在两周时间内，“暴怒”号的舰载机共飞行 38 415 千米（23 870 英里），投放 18 枚鱼雷和 15.25 吨（15 长吨）的炸弹。随后，“暴怒”号和“光荣”

号航空母舰还将皇家空军的“角斗士”式和“飓风”式飞机运送到巴德福斯临时基地，与此同时，“皇家方舟”号正在更靠北的地区执行任务。

由于法国战场上的失利，挪威战役的失败势必是不可避免的。6月7日，“光荣”号航空母舰奉命前往巴德福斯回收幸存的皇家空军“角斗士”式和“飓风”式飞机。虽然这些飞机都没有安装尾钩，而且飞行员从来没有在航母上降落过，但所有的飞机均安全降落在该艘航母之上。然而，就在第二天，灾难降临了，“光荣”号航空母舰遭到了德国“沙恩霍斯特”号和“格奈森瑙”号战列巡洋舰的拦截。尽管为“光荣”号提供护航的两艘驱逐舰进行了顽强的抵抗，但其挤满了皇家空军飞机的飞行甲板很快就被27.9厘米（11英寸）口径的炮弹击中，航母随后燃起熊熊大火，不久便沉没了，只有46名舰员幸免于难。

5天后，从“皇家方舟”号起飞的“贼鸥”式飞机对在特隆赫姆海域的“沙恩霍斯特”号战列巡洋舰进行了俯冲轰炸。随后，从奥克尼群岛起飞的陆基“贼鸥”式飞机又一次对其实施攻击。尽管以上两次进攻均未取得成功，但总的来说，“皇家方舟”号最终还是摆脱了因挪威溃败所陷入的阴影，并因其出色的性能而赢得赞誉。随着德国宣传机器反复地提出诸如“‘皇家方舟’号究竟在哪里？”之类的问题，她在英国乃至德国公众

上图：第二次世界大战爆发后，“皇家方舟”号奉命出海搜寻那些试图返回母港的德国船只，在这些作战行动中，它差点被一艘德国U型潜艇发射的鱼雷击中。1940年4月，“皇家方舟”号出动舰载机掩护盟军部队从挪威撤离。1940年7月，它再次出动“剑鱼”舰载机对于停泊在奥兰和米尔斯克比尔的法国舰队进行攻击（代号“弹弓”行动）。同年晚些时候，它奉命在地中海海域执行护航任务。1941年5月，“皇家方舟”号参加了追歼德国海军“俾斯麦”号战列舰的行动，从它的甲板上起飞的“剑鱼”轰炸机投掷的鱼雷多次击中“俾斯麦”号，致使其失去控制并最终毁灭。在接下来的几个月内，从“皇家方舟”号多次起飞各型飞机前去增援被德军围困的马耳他岛。当时，由于轴心国的飞机和潜艇在附近海域活动非常肆虐，上述作战行动面临着极大的风险。1941年11月13日，正当它结束一次任务后向着直布罗陀返航时，被德国海军U-81号潜艇发射的一枚鱼雷击中，最终在拖往港口的途中沉没，全体舰员除1人外全部获救。

中的知名度越来越高，这艘航母也成为英国人永不言败的象征。

在挪威战役结束一周后，“皇家方舟”号航空母舰返回直布罗陀。英国海军部以其为核心新组建了H分舰队，由詹姆斯·萨默维尔海军中将任司令官。由于“皇家方舟”号的航速较快，所以就选择了“胡德”号战列巡洋舰为其护航。在法国沦陷之后，盟国在地中海上的力量日益薄弱，该舰队的主要任务是阻止意大利舰队进入大西洋，同时填补地中海上的力量真空。1940年6月，根据贝当元帅与德国签署的停战条款，法国退出战争，法国海军的6艘主力舰、1艘水上飞机母舰、10艘巡洋舰和众多驱逐舰撤到北非，并将在“德国和意大利的控制下”解除武装不再服役。考虑到希特勒和墨索里尼一贯以说谎而著称，英国政府和海军部对此持怀疑态度。在当时，尽管英国人有可能接受德国海军参谋长达兰海军上将的承诺，但是，如果强大的轴心国集团违背诺言并俘获这些军舰的话，法国舰队是否有能力进行抵抗，英国海军部或政府对此表示怀疑。

对于德国人的别有用心，即使是傻子也能看出其中的端倪，英国人于是决定尽快解决这一问题。6月3日，当英国皇家海军对位于奥兰和米尔斯克比尔的法国舰队（代号“弹弓行动”）发出的最后通牒到期后，“皇家方舟”号上的“剑鱼”式战斗机开始对法国这位前盟友采取行动。在这次行动中，以上飞机执行了多项任务，包括为主力舰的舰炮攻击指示敌军目标、在港湾入口处布雷、对企图逃跑的舰船进行鱼雷和炸弹攻击，等等。在此期间，英军发射两枚鱼雷对“斯特拉斯堡”号战列巡洋舰进行攻击，未能获得成功，但有一枚鱼雷击中了其姊妹舰“敦刻尔克”号旁边

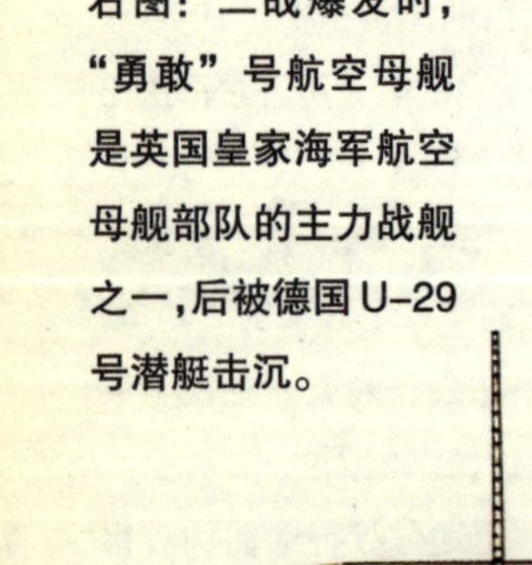

右图：二战爆发时，“勇敢”号航空母舰是英国皇家海军航空母舰部队的主力战舰之一，后被德国U-29号潜艇击沉。

的一艘弹药驳船，重创该船。

随着战斗的继续，英国“竞技神”号航空母舰开始追踪“里舍利厄”号新型战列舰，该舰从布雷斯特一直逃到卡萨布兰卡，并从那里逃到塞内加尔的达喀尔。6月8日，8架“剑鱼”式飞机击中“里舍利厄”号，破坏了其螺旋桨旋转轴和操纵舵，足以使其在一年内无法参加战斗，但伦敦方面对此事还不清楚，因此又对达喀尔发动了一次两栖攻击。由于“竞技神”号在一次碰撞中受损，所以“皇家方舟”号不得不为此次行动提供空中掩护，但这一任务超出其能力范围。由于“剑鱼”式飞机的速度太慢，以至于无法在白天对目标实施攻击。此外，法国战斗机的性能远远超过了“贼鸥”式飞机。

当然，在这次军事行动中，“皇家方舟”号充分展示出了航空母舰的灵活性。在攻击米尔斯克比尔和突击达喀尔的两次军事行动之间，它成功地为地中海西部的一次护航行动提供了掩护。当时，随着意大利加入战争，增援马耳他岛已成为当务之急，于是，陈旧的“百眼巨人”号航空母舰搭载12架“飓风”式战斗机前往地中海。“皇家方舟”号的“剑鱼”式飞机攻击了位于萨迪尼亚的敌人目标，“贼鸥”式飞机击落了敌人的跟踪飞机，随后，“飓风”式战斗机也安全地起飞了。

技术参数

“勇敢”号

排水量： 26 517吨（26 100长吨）

舰长： 240米（786英尺5英寸）

舰宽： 27米（90英尺6英寸）

吃水： 8米（27英尺3英寸）

动力装置： 四螺旋桨涡轮机

航速： 31.5节

武器系统： 16门120毫米（4.7英寸）口径火炮

人员编制： 1216人

舰载机： 48架

上图：这是英国皇家海军第一艘航空母舰“竞技神”号的侧面轮廓图（日本海军“凤翔”号实际上要早于该舰1年服役），它借鉴了轻型巡洋舰的设计进行建造，舰上装备了6门5.5英寸(140毫米)口径火炮，因为那时还没有人相信飞机能够单独击退敌人的水面进攻。

很显然，英国航空母舰的出现将使得意大利人焦虑不安并采取措施，因此，英国皇家海军“鹰”号航空母舰很快就被调离新加坡，前往地中海加入坎宁安海军上将所率领的地中海舰队。在亚历山大港，“鹰”号搭载3架陈旧的“海上角斗士”式双翼战斗机，以便扩充原有的18架“剑鱼”式鱼雷轰炸机。当然，即使该艘航空母舰及其小规模舰载机大队在战斗中不能充分发挥作用，坎宁安海军上将也会使用有限的资源给敌人以沉重的打击。

上图：第二次世界大战爆发时，“竞技神”号正在南大西洋海域活动。1941年2月，英军对于索马里兰的意大利军队发起进攻。随后几个月内，它参与了在印度洋和南大西洋的运输队护航行动。1942年年初，“竞技神”号编入驻锡兰（今斯里兰卡）亭可马里的英国皇家海军东方舰队。

卡拉布里亚海战

6月9日，在卡拉布里战役中，英国地中海舰队与意大利舰队发生遭遇。在此期间，“鹰”号航母飞行员必须执行以下任务：跟踪敌人、为战列舰指示打击目标、保卫己方部队不受敌方高空轰炸，同时还要伺机攻击意大利军舰。尽管他们未能成功地滞缓意大利人的撤退行动，对方仅仅遭受轻微损失之后便很幸运地逃脱了，但英国航母飞行员的斗志使得坎宁安将军坚信：如果能够拥有一艘现代化航空母舰的话，他就能够进行反攻。

坎宁安将军的请求得到了英国海军部的批准，8月30日，英国“卓越”号新型装甲航母在“勇敢”号战列舰和两艘防空巡洋舰的护航下，离开直布罗陀。该艘航空母舰搭载一支小型航空大舰载机大队，其中，第806战斗机中队只有15架“管鼻藿”式战斗机，第815和819中队也只有18架“剑鱼”式飞机，但它装备了首次生产的79Z型高性能雷达，使其在侦察和跟踪敌人、为战斗机争取升空时间等方面拥有较大的优势。同时，“剑鱼”式飞机还装备了远程油箱，这样它们就可以在远离航母322千米（200英里）处攻击敌人。此外，尽管“管鼻藿”式战斗机的速度较慢，但有4小时的续航力，并能以每小时644千米（400英里）的速度进行俯冲。如果它能升至4 877米

（16 000 英尺）的最大高度，那么就会获得击落意大利轰炸机的良机，但它不能在这一高度滞留与敌机作战。尽管存在着诸多缺陷，在 1940 年 9 月至 1941 年 1 月期间，第 806 中队的“管鼻藿”战斗机还是拥有着绝对的空中优势，共击落了 40 架意大利飞机。

拥有了两艘航空母舰之后，坎宁安海军上将的地中海舰队所向披靡，穿过地中海中部海域，不但轰炸意军机场，攻击意大利至北非之间海上交通线的运输舰船，并且在一些港口布设水雷，以极小的代价圆满地完成了上述任务。而且，更为重要的是，没有一艘皇家海军大型战舰被敌人

上图：1942 年 4 月，“竞技神”号遭到日本航空母舰的舰载机攻击后，沉没于锡兰（今斯里兰卡）海域。当时，英国皇家海军在远东作战的一个重要缺陷在于，航空母舰没有搭载舰载机，在遭到攻击的情况下甚至没有发出求救信号的手段。

上图：1939 年 9 月，“勇敢”号航空母舰在西航道被德国 U 型潜艇用鱼雷击沉，这是英国皇家海军所遭受的一次重大损失。

右图：这是一架 1940 年开始在第 806 飞行中队服役的“管鼻藿” Mk I型飞机。

昼间空袭击沉。但在坎宁安将军看来，这些战绩是微不足道的，他和他的参谋们希望用鱼雷攻击停泊在港内的意大利舰队。根据计划，这场代号“审判行动”的作战计划订在 1940 年的“特拉法尔加日”——10 月 21 日实施。然而，由于“卓越”号航空母舰的机库突然发生火灾，再加上“鹰”号的燃料供应系统因在先前的战斗中受到轻微损坏出现问题，所以，突袭塔兰托的计划被迫推迟。幸运的是，在发生火灾时，“卓越”号上载的舰载机大队飞机均在岸上进行维护，因此，这

技术参数

“可畏”号

排水量： 28 661 吨（28 210 长吨）

舰长： 226.7 米（743 英尺 9 英寸）

舰宽： 29.1 米（95 英尺 9 英寸）

吃水： 8.5 米（28 英尺）

动力装置： 三螺旋桨涡轮机

航速： 30.5 节

武器系统： 16 门 11. 4 厘米（4.5 英寸）口径火炮

人员编制： 1 997 人

舰载机： 36 架

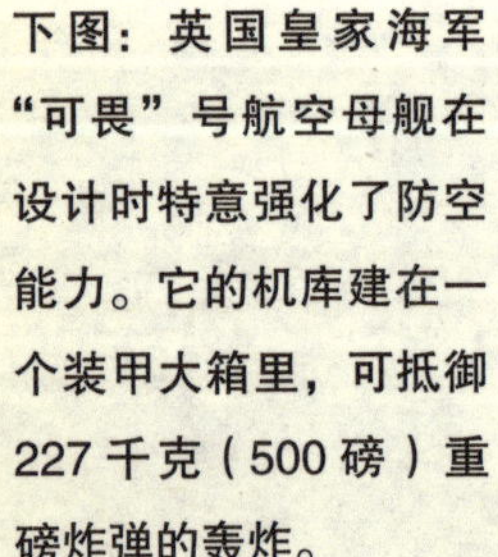

下图：英国皇家海军“可畏”号航空母舰在设计时特意强化了防空能力。它的机库建在一个装甲大箱里，可抵御 227 千克（500 磅）重磅炸弹的轰炸。

一火灾未对“卓越”号航母造成严重损坏。英国海军部决定从“鹰”号调来5架“剑鱼”式飞机和8名飞行员，以加强“卓越”号舰载机大队的攻击力，此外，又从岸上待命的飞机中调来一架“剑鱼”式飞机。这样一来，“卓越”号航空母舰为这次进攻共调集了22架“剑鱼”式、14架“管鼻藿”式和4架“海上角斗士”式飞机。最后，英国海军部决定于11月11日或12日晚上开始实施突袭塔兰托的军事行动。

“审判”行动

在突袭塔兰托的“审判”行动之中，英国皇家海军航空母舰仅仅起飞了21架“剑鱼”式飞机，分为两个波次进行攻击，每一波次间隔1小时。尽管英军的这次进攻行动出其不意，但当第一波6架“剑鱼”式飞机飞临塔兰托港之际，意大利防御部队并没有惊慌失措，他们猛烈的高射炮火似乎要将“剑鱼”式飞机撕成碎片。幸亏这次进攻行动的协调准备工作非常出色，英军进攻部队所施放的照明弹照亮了整个锚地，英国人的飞机开始俯冲轰炸。在空袭中，有两枚45.7厘米（18英寸）口径鱼雷撕裂了“利托里奥”号新型战列舰，第3枚鱼雷击中了“加富尔”号战列舰。1小时之后，另外8架飞机发动了第二波攻击，其所发射的第3枚鱼雷击中了“利托里奥”号，重创另一艘战列舰“杜伊里奥”号。与此同时，英军的牵制性进攻也大获全胜，意军的储油箱燃起了熊熊大火，其水上飞机基地也遭到了破坏。

由于塔兰托港水域较浅，所以遭到重创的意大利战列舰还可以打捞上来进行维修，但强大的“利托里奥”号战列舰至少6个月不能参战，“杜伊里奥”号也将需要8个月的维修时间，而“加富尔”号因遭到严重损坏无法进行维修。英国人在给意大利人造成如此严重的损失的同时，自身仅仅付出了11枚鱼雷和2架“剑鱼”式飞机（一名飞行员获救）的代价。意大利海军士气严重受挫，那些幸免于难的重型舰艇被撤到更靠北方的

下图：英国皇家海军舰载航空兵认为，为了确保完成任务的“管鼻藿”飞机在航空母舰上安全降落，有必要在该型飞机上配置第二个座舱供领航员乘坐。然而，这种设计不仅使得该机型在重量上存在缺陷，也使其外观缺乏美感，性能因此受到影响。

基地，在接下来的少有的几次出海行动中，格外小心翼翼。在当时的条件下，英国本土正遭受着德国空军猛烈的空袭，德国人随时都有可能入侵不列颠群岛，突袭塔兰托的成功使得英国人备受鼓舞。可以说，塔兰托战役发生在一个非常关键的时期，它不但使得坎宁安舰队增强了对于地中海的控制，同时也标志着注定走向灭亡的轴心国集团在战略上的一次逆转。

塔兰托战役取得了立竿见影的效果。11 月 27 日，英国 H 分舰队在特乌拉达角外海与意大利舰队遭遇。在意大利舰队中，有两艘战列舰是在英军袭击塔兰托战役中逃脱的。此时，英国皇家海军面临着比较棘手的情况，因为当时正好需要对一支驶往马耳他的运输队提供护航，因此其重型兵力只能一分为二。英国“皇家方舟”号的舰载机对意大利舰队连续发动 3 次进攻，企图延缓其进攻速度，均无果而返。但即使在这种情况下，意大利舰队指挥官康皮翁尼海军上将仍然决定撤退。对此，英国舰队指挥官萨默维尔海军上将很是失望，一方面因为自己错过了与士气低落的意大利舰队进行作战的良机，另一方面则是因为“皇家方舟”号的飞行员失去了一次难得的实战锻炼机会。但无论如何，对于意大利人来说，这始终是一次令人沮丧的失败。

下图：1941 年 1 月，英国皇家海军“卓越”号航空母舰在马耳他外海被德国空军“斯图卡”式俯冲轰炸机击中后起火。与“皇家方舟”号不同的是，它最终驶回了港口，但需要进行大规模的维修。

如今，意大利人面临着来自英国地中海舰队和 H 分舰队的巨大压力，其德国盟友不得不向其伸出援助之手。早在挪威战役期间，德国和意大利就组织了一支 Ju — 87 型俯冲轰炸机部队——第 10 航空军，专门用来攻击海上运输队。该部队具有丰富的作战经验，奉命前往西西里岛海域压制英国海军，同时执行攻击英国“卓越”号航空母舰的特殊任务。接下来，便发生了一次空中协同攻击的经典战役。1941 年 1 月 10 日，意大利人在马耳他岛以西 88 千米（55 英里）处发现了“卓越”号航空母舰，意大利两架 SM — 79 型轰炸机对其发动佯攻，以吸引对方 4 架“管鼻藿”式飞机组成的空中战斗巡逻队。英国飞行员果然中了圈套，在后面对意军飞机穷追不舍，当英国航母作战指挥室的指挥官发现敌人在相反方向 3 657 米（12 000 英尺）高空处正对自己发动进攻时，它们已经追出了 30 千米（20 英里）。在这种情况下，尽管另外 4 架“管鼻藿”式飞机急忙升空进行拦截，但根本抵挡不住德国空军第 1 大队的 Ju — 87R 型和第 2 大队的 Ju — 87B 型俯冲轰炸机的进攻。在这次战斗中，英国人违反了航空母舰防御的第一原则：永远不要派遣整个空中战斗巡逻队去追击一个并不重要的目标，尤其在距离敌人海岸线仅仅 104 千米（65 英里）的情况下。

“卓越”号航空母舰为自己的过分自信付出了沉重的代价。在 10 分钟之内，先后被 6 枚大小不等的炸弹击中，有 3 枚击中舰首，另有 3 枚击中舰尾。击中舰首的炸弹所造成的破坏相对小一些，而在击中舰尾的 3 枚炸弹中，有 2 枚炸弹击中船后部的升降机，并使飞机库燃起熊熊大火，几乎导致整个船体沉没。此外，由于其操纵系统遭到损坏，所以该艘航空母舰就成为一个坐以待毙的攻击目标。幸运的是，其坚硬的装甲甲板降低了

下图：英国皇家海军“可畏”号航空母舰从太平洋返回本土。尽管它的外表看起来仍然威风八面，但实际上已经遭受了严重毁坏。此后，该舰再也没有进行过任何修复。

遭受破坏的程度，于是，该艘航空母舰在操纵装置修复后，开始朝马耳他方向行驶，尽管一路上大火一直在熊熊燃烧，发动机机舱内冒出滚滚浓烟，但它仍然以18节的航速前进，甚至还设法躲开了敌人的进一步攻击。

当晚，在“勇敢”号和“厌战”号战列舰的猛烈的防空炮火的掩护下，遭受重创的“卓越”号步履蹒跚地驶入格兰德港口。在长达5个小时之后，舰上大火才最终被扑灭，但截至此时，已有126名舰员遇难，91名受伤。“卓越”号停靠在马耳他岛的码头，造船厂工人开始对其进行维修，力图使其能够再次出海。令人不可思议的是，饱受战争之苦的马耳他平民却对这位给自己带来诸多麻烦的“客人”予以深刻的认同，他们并没有因为遭到许多炸弹的轰炸而责备“卓越”号，而是认为，如果该艘航母能够在轰炸中幸免于难的话，那么自己也能在战争中幸存下来。1月23日，“卓越”号航空母舰已经做好突围的准备，起航前往亚历山大港，而后穿过苏伊士运河前往美国进行全面维修。美国弗吉尼亚州的诺福克海军基地承担了这次紧急维修任务。事实上，这一次维修工作是该艘航空母舰自建成以来进行的第三次彻底改建。

此时，英国地中海舰队面对着来自德国空军和意大利海军的强大威胁，但该舰队却没有一艘配备装甲防护的航空母舰，好在他们已经看到了希望的曙光，当时，第二艘该级航空母舰“可畏”号已经完成检修，并于3月10日通过苏伊士运河进入东地中海。3月28日，坎宁安海军上将正在海上搜寻意大利舰队，这时有人报告说发现正在海上活动的意大利舰队，并且没有任何其他保护。于是，坎宁安将军立即开始追击，当天下午便传来一个令人振奋的消息，“可畏”号上的一架“金枪鱼”式轰炸机用鱼雷击中“维托里奥·维内托”号战列舰，致使其航速降到8节。

下图：尽管“皇家方舟”号航空母舰的设计方案仍然具有许多实验性特征，但英国未来航空母舰的基本形状已经初露端倪。

马塔潘角海战

坎宁安海军上将苦苦寻觅了近12个月的机会终于到来了！他下令舰队全速前进，全力追赶该艘遭到破坏的战列舰。但坎宁安将军并不知道，“维托里奥·维内托”号战列舰的舰员们已经对该艘战舰进行了最基本的抢修，其航速已经提高到19节。黄昏时分，一架“金枪鱼”式轰炸机用鱼雷击中“波拉”号重巡洋舰。由于英军的“管鼻藿”式战斗机的出色性能，意大利伊亚金诺海军上将无法获取有关坎宁安舰队行踪的情报，他感到周围海域很安全，于是就命令“阜姆”号和“扎拉”号重巡洋舰在两艘驱逐舰的护航下返回，寻找其姊妹舰“波拉”号并将其拖回意大利。结果，就在3月28日夜间，以上3艘重巡洋舰均被坎宁安海军上将麾下的战列舰击沉。马塔潘角海战的胜利首先要归功于“可畏”号的舰载机飞行员，他们出色地完成了所有任务，其中包括：发现敌人重巡洋舰编队并摧毁其战斗力、保卫己方舰队并阻止敌人获取任何生死攸关的情报。

毫无疑问，马塔潘角海战当之无愧地成为英国航空母舰作战的辉煌顶峰，因为就在此时，轴心国集团已经做好一切准备要把皇家海军从地中海上彻底清除。当“可畏”号航母从克里特岛撤离时，遭到了从北非机场起飞的德军俯冲轰炸机的重创，但与其姊妹舰“卓越”号相比，其受损程度要略小一些。由于亚历山大港的造船厂没有能力对其进行修复，所以“可畏”号也只能去美国维修。以上两艘装甲航空母舰倘若有一艘没有遭到如此严重的破坏的话，又将产生什么样的后果呢？不过，现在对此进行推测已经毫无意义。由于备件的长期不足，再加上缺乏与之相匹配的飞机，英国在地中海部署的3艘现代化航空母舰均无法完全发挥其作战能力。

上图：尽管防护装甲要比姊妹舰相对轻薄，但“不屈”号却承受了很多打击。在“支座”行动中，它在遭到2枚500千克（1102磅）炸弹重创之后幸存下来，1943年在西西里岛外海躲避了一枚鱼雷的袭击，在远东海域躲过几次“神风”战斗机的攻击。

就在“可畏”号航空母舰参加争夺克里特岛的残酷战斗之际，北大西洋海域的形势开始变得日益严峻。5月22日，伦敦获得情报称，德国新型“俾斯麦”号战列舰已从卑尔根出发，正驶向北大西洋的海运航线。在这种情况下，正打算下图：意大利海军战列舰“维托里奥·维内托”号于1937年7月22日下水，1940年4月建成，是意大利海军舰队中火力最强大的战舰。它的命名是为了纪念1918年11月3日意大利军队战胜奥地利军队，人们当时对其寄予很高的期望。

1940年11月，英国皇家海军航空兵对塔兰托海军基地发起突袭，英军飞机发射的鱼雷与“维托里奥·维内托”号擦肩而过，差点命中目标。当月晚些时候，在海上活动的“维托里奥·维内托”号再一次躲过了敌军的攻击。在1941年3月的马塔潘角海战中，它遭到从英国皇家海军“可畏”号航母上起飞的“剑鱼”式轰炸机的攻击，有3枚鱼雷在其附近爆炸，其中一枚刚好击中其左舷外侧的螺旋桨，船舱内瞬间便涌入了数千吨的海水。

看到这种情况，意大利海军指挥官安杰罗·伊亚金诺海军上将（“维托里奥·维内托”号是他的旗舰）下令该舰退出战斗，并由其他战舰将其护送到安全地带。1941年12月14日，正当它护送一支运输队前往利比亚海岸时，遭到英国皇家海军“狂暴”号潜艇的鱼雷攻击。翌年6月，美军对拉斯佩齐亚港口发起空袭，它进一步遭到重创。1943年9月，“维托里奥·维内托”号向盟军投降，直到1946年，一直被羁押在苏伊士运河上。1960年，它在拉斯佩齐亚港口被最终拆解。

向马耳他岛输送皇家空军“海上飓风”式飞机的“胜利”号新型装甲航母接到命令，全速向该艘德舰前进，并做好对其进行鱼雷攻击的准备。但在当时，“胜利”号上载的只有第825中队的9架“剑鱼”式飞机和第800中队的6架“管鼻藿”式飞机。事实上，“胜利”号原本可以搭载驻奥克尼群岛的一个“金枪鱼”飞行中队，但当地的皇家空军岸防司令部却不同意，这又是一个军种间协调不当的例子。

上图：这架“海上飓风”飞机正从英国皇家海军“文德克斯”号航空母舰上起飞，赴大西洋海域执行反潜巡逻任务。

追歼“俾斯麦”号战列舰

最初，英国海军部出动“胜利”号航空母舰的做法只是一个权宜之计，但到了5月24日，有消息传来，“俾斯麦”号战列舰及其属舰“欧根亲王”号重巡洋舰击沉了英国“胡德”号战列巡洋舰，并逃脱了“威尔士亲王”号的追击。尽管“俾斯麦”号战列舰因遭到“威尔士亲王”号的两次攻击，燃油流失严重，但英国本土舰队并不了解这一情况，因此，“胜利”号及其“剑鱼”式舰载机就被看成是截击该艘德国战列舰的唯一希望。大约午夜时分，9架“剑鱼”式舰载机发现了它们所要搜寻的猎物。尽管飞行员缺乏足够的训练，但他们还是成功地用鱼雷击中了舰体中部。更令人惊奇的是，在攻击行动结束后，他们竟然全部安全返回“胜利”号航空母舰并在甲板上降落。然而，他们的一切努力都是徒劳的，因为其所投掷的45.7厘米（18英寸）口径的鱼雷威力太小，无法穿透“俾斯麦”号吃水线以上厚实的主装甲带。

此时，英国人手中只剩下一张王牌。萨默维尔海军中将在获悉“俾斯麦”号战列舰逃脱的消息后，立即命令“皇家方舟”号航空母舰和“声望”号战列巡洋舰从直布罗陀海峡出发，阻止“俾斯麦”号向布雷斯特方向突围。5月26日，英国空军岸防司令部的一架远程轰炸机发现了“俾斯麦”号及其尾部长长的油迹，“皇家方舟”号立即受命对其进行鱼雷攻击。紧接下来发生的事情几乎导致一场悲剧：由于能见度较差，首批 15 架“剑鱼”式飞机居然误将己方的“谢菲尔德”号巡洋舰当成“俾斯麦”号，并对其发射了鱼雷。值得庆幸的是，所有这些鱼雷均安装了新型双击引发爆炸装置，即通过接触或目标磁场达到最大时来引爆鱼雷。在苍茫的大海上，那些鱼雷以极高的速度进行俯冲，有些鱼雷的磁性引信被地球的磁力引爆了，此时的“谢菲尔德”号也意识到了自己遭到误炸，于是急忙设法进行规避，并成功躲开其中几枚，同时还向“皇家方舟”号发送信号进行联络。接着，“皇家方舟”号发动了第二波攻击，这一次，鱼雷的起爆装置被设置成“接触

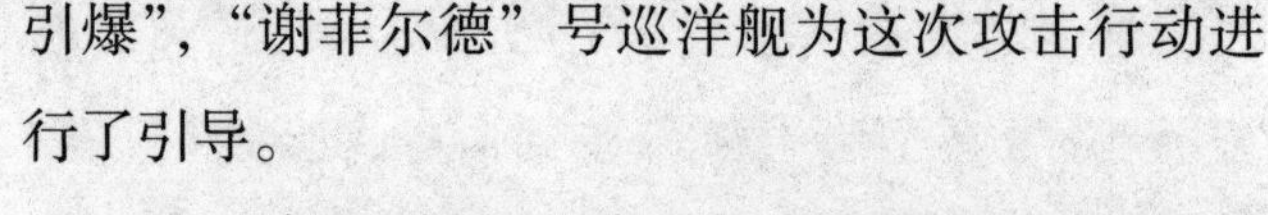

引爆”，“谢菲尔德”号巡洋舰为这次攻击行动进行了引导。

这一次，“剑鱼”式飞机没有再犯类似错误，它们通过雷达锁定了该艘德国战列舰。此时的天气状况甚至比“胜利”号此前进攻时还要恶劣，天空阴云密布，能见度极差，因此，“剑鱼”式飞机只能实施单机进攻。尽管“俾斯麦”号的 68 门 20 厘米（7.8 英寸）到 10.4 厘米（4.1 英寸）口径不一的火炮织成了一个密不透风的防空火力网，但这些双翼飞机仍然勇敢地朝其进行俯冲，有的几乎要撞上“俾斯麦”号的上层建筑。英国飞行员的勇敢行为得到了回报，他们共投放 13 枚鱼雷，有一枚击中了主装甲钢板，但几乎没有造成破坏，而另一枚击中了尾部右舷，并破坏了方向舵。这一致命打击注定了“俾斯麦”号最终的命运。尽管何时对其进行下一波次的空中进攻尚未确定，但英国本土舰队最终利用鱼雷将其击沉的前景已经清晰可见。

在战斗结束后，“皇家方舟”号返回地中海海域，在这里向马耳他岛的盟军部队运送飞机和物资补给，并为此进行了多次战斗。随后，“皇家方舟”号的好运开始渐渐消失，而厄运却逐渐向其逼近。1941 年 11 月 13 日，“皇家方舟”号在距离直布罗陀不到 80 千米（50 英里）的海域活动，德国 U－81 号潜艇避开了英军雷达的搜索，对其

下图：“俾斯麦”号战列舰的命名是为了纪念德国历史上最著名的军事家、政治家、完成德国统一的“铁血宰相”——奥托·冯·俾斯麦（1815—1898）。

发射一枚鱼雷并击中右舷。当时，尽管“皇家方舟”号装载了大量物资，但由于这是一艘非常现代化的航空母舰，而且舱室隔离技术较好，人们普遍认为它应该能够被拖回直布罗陀。但事与愿违，大水淹没了中心锅炉舱，导致主配电盘失灵，由于没有了动力，水泵又不能及时排水，经过浸泡的物资的重量急剧增大，致使该航母于次日沉没。

对于“皇家方舟”号航空母舰的沉没事件，英国朝野为之震惊，这一事件暴露出：尽管英国航空母舰本身的设计没有任何问题，但在其破损控制程序上存在问题。后来，这些缺点在随后进行的一次彻底调查中得到了证实。这次打击及其他损失终结了英国在地中海上所取得的一系列辉煌胜利。通过1942年的惨痛教训，英国人终于意识到，没有现代化的航空母舰及与之相配的飞机，浩瀚的地中海海域是无法防守的。1942年8月，在惨烈的“支座”护航作战（向驻守马耳他岛的盟军部队输送飞机和物资补给）中，英国皇家海军“不屈”号航空母舰遭到炸弹重创，另一艘英勇善战但破旧不堪的“鹰”号航空母舰被鱼雷击中。

美国人参战

此时是最严峻的时刻，却不是最后的时刻。1942年11月，英美联军在北非实施“火炬”登陆作战行动。作为强大的H分舰队的一个组成部分，“可畏”号和“胜利”号航空母舰为该次行动提供空中支援。1943年，以上两舰继续参加联军的进攻行动，包括为西西里岛和意大利的登陆作战行动提供空中支援，从而迫使意大利退出战争。在这次战役结束后，它们又参加了其他战区尤其挪威北部和远东战区的军事进攻行动。1941年12月，美国卷入战争，并最终解决了英国皇家海军航空兵缺少飞机的难题。起初，美国只是少量地为英国人提供现代化、高性能的舰载机，后来就

下图：1942年以来，盟国在太平洋地区的航空母舰力量极为薄弱。为了改变这一现状，英国皇家海军“胜利”号航空母舰于1943年赴太平洋值勤，并暂时接受美国海军指挥。

下图：1940 年 3 月 26 日，英国皇家海军“卓越”级航空母舰“不屈”号下水，1941 年 10 月最终建成。1942 年 5 月，“不屈”号与姊妹舰“卓越”号共同参加了进攻驻马达加斯加的维希法国军队的战斗。1943 年 7 月，“不屈”号为进攻西西里岛的盟军登陆部队提供空中掩护，但在战斗中不幸被意大利军队的一枚鱼雷击中。1944 年 7 月，“不屈”号再次加入东方舰队，与“卓越”号航空母舰一道对苏门答腊岛上的日军交通线发起了一连串的空中打击。1945 年 1 月，从锡兰（今斯里兰卡）亭可马里港口出发前往澳大利亚悉尼港口，与其同行的航空母舰还有“卓越”号、“不倦”号和“胜利”号，它们在那里组成英国皇家海军太平洋舰队的核心力量。1945 年 4 月，在冲绳海战中，“不屈”号和其他许多战舰一样遭到了日本“神风”特攻队的自杀式攻击并负伤。5 月，它在进攻群岛的战斗中再次负伤。接下来，其执行了自己在第二次世界大战期间的最后一次任务——率领一支特混舰队重新占领香港。战后，“不屈”号进行了一次大规模改装，1953 年转入预备役，1955 年被最终拆解。

开始大批量地进行提供。美国最初提供的是格鲁曼公司生产的“野猫”式飞机，英国海军航空兵称之为“无足鸟”式。截至1944年，美国开始大批量地提供先进战机，如“复仇者”式鱼雷轰炸机和F—4U型“海盗”式战斗机等。在战争的大部分时间里，英国飞机工业都是立足于满足英国空军的需求，这样一来，英国皇家海军只能使用改装过的陆基飞机，如“海上飓风”式、“海火”式（“喷火”式的改进型）以及性能很不可靠的新型飞机，如“梭子鱼”式鱼雷轰炸机。在理论上，“海火”式的高超性能可以满足舰队防御的需要，但对于残酷的航母作战行动来说，它太脆弱了，其合金机壳表面极易从机身上脱离，而且，在甲板着陆时，其尾部经常被折断。“梭子鱼”式俯冲鱼雷轰炸机的性能不太令人满意，其飞行速度很慢且不易操作。对于该型飞机所存在的诸多缺点，英国海军航空兵人员编了一些歌曲和打油诗进行讥讽。

1939年，在损失了“勇敢”号航空母舰之后，英国海军部不允许在大西洋战场上随意使用航空母舰，可以说，当时的英国皇家海军几乎是捉襟见肘，没有几艘航母可以使用。1940年德国征服欧洲以后，德国空军开始在挪威至比斯开湾之间建立许多基地，并从这些基地起飞远程轰炸机对英国的护航运输队进行攻击。自1940年秋季开始，德国空军驻波尔多的第40航空大队的FW—200型四发动机轰炸机负责为U型潜艇提供有关英国护航运输队动向的侦察情报，并对一些掉队的舰船进行攻击。

弹射式武装商船

最初，为对付这一情况，英国皇家海军起用了“飞马”号老式水上飞机母舰（“皇家方舟”号的前身），用来搭载“管鼻藿”式和“海上飓风”式舰载机。此外，还改装了5艘商船，这是一种“战斗机弹射起飞舰船”，其设计方案类似于一战中所使用的飞机平台，但由于该型舰船无法回收战斗机，飞行员在每次交战后不得不“溅落”水

下图：商船航空母舰“迈克安德鲁”号仅拥有一些基本的设施。

上图：由于缺乏足够的商船，英国建造的护航航空母舰数量不多。图中这艘摄于 1944 年的“文德克斯”号护航航空母舰（从尚未建成的货船“悉尼港”号改建而成）在与猎潜部队协同作战方面非常成功。

中。尽管从这些舰船上曾起飞过 10 架战斗机仅仅取得了消灭 1 架和击伤 1 架 FW－200 型飞机的战绩，但它们对德国轰炸机还是起到了一定的威慑作用，并足以驱逐开敌人的跟踪。1942 年 6 月，挂着英国商船旗的弹射武装商船开始替代海军航空母舰执行任务，上载的是英国皇家空军飞行员。该系列弹射武装商船共有 35 艘，但仅仅进行了 8 次起飞作战，总计击落敌机 6 架，击伤 3

技术参数

“大胆”号

排水量： 11 179 吨（11 000 长吨）

舰长： 142.4 米（467 英尺 3 英寸）

舰宽： 17.4 米（57 英尺）

吃水： 7.5 米（24 英尺 6 英寸）

动力装置： 柴油机，单轴推进

航速： 15 节

武器系统： 1 门 10.2 厘米（4 英寸）口径火炮

舰员： 700 人

飞机： 6 架

下图：“大胆”号是英国第一艘护航航空母舰，虽然其服役寿命非常短暂，却取得了重大成功，并证明了护航航空母舰的价值。

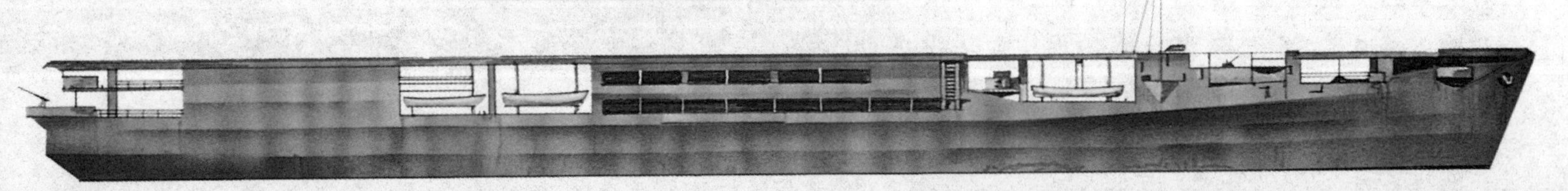

架。与此同时，有12艘弹射武装商船在执行护航任务时损失。

护航航空母舰

二战爆发前，英国海军部曾考虑过对商船进行改装的可能性，诸如把大型定期班轮改装成“护航航空母舰”，但由于缺少飞机，这一构想也就付诸东流了。但到了1940年底，直布罗陀至英国的护航运输队急需空中保护，这一需求使得上述想法得以复活。英国人选中了他们所缴获的德国战利品——“汉诺威”号登陆驳船，将其改装成“大胆”号护航航空母舰。1941年6月，该艘航空母舰挂上英国皇家海军军旗，随后于9月份上载了第802中队的6架“无足鸟”式战斗机。由于时间仓促，“大胆”号没有安装诸如升降机或上层建筑之类的奢侈装备，所以，“无足鸟”式战斗机均停放在飞行甲板的后端。同年12月份，该艘航空母舰被鱼雷击中。但在此之前，该艘航母曾两次往返直布罗陀，其舰载机也曾成功地迫使德国潜艇抱头鼠窜，它还曾成功地将敌方的跟踪飞机驱赶开，所有这些成就促使英国海军部决心改造更多的商船。

上图：“梭鱼”飞机于1943年编入现役，它以出色的战绩证明了自己不俗的能力，尤其在攻击德国海军战列舰“提尔皮茨”号的战斗中表现突出。

下图：英国皇家海军“比勒陀利亚城堡”号护航航空母舰更名为“比勒陀利亚”号。该舰战后又被改建成定期班轮，取名为“沃里克城堡”号。

事实证明，英国造船厂的任务太重了，无法承担如此大规模的改建计划。截至 1944 年之前，英国护航航空母舰的改造工作仍然没有开始。因此，英国求助于美国来填补这一空白，并向美国造船厂订购了航空运输舰。同时，根据美国 1941 年通过的《租借法案》，英国皇家海军又租借了一部分美国航空运输舰，后来改称为护航航空母舰。

上图："大胆"号航空母舰是英国皇家海军第一艘护航航空母舰，由 1940 年 2 月在西印度群岛俘虏的德国商船"汉诺威"号改建而成。"大胆"号的改建工作于 1941 年 6 月完成，同年 9 月开始在英国至直布罗陀航线上执勤。实战证明，它所搭载的"无足鸟"战斗机（美国格鲁曼公司制造）在搜索德国潜艇尤其是在对付"秃鹫"海上侦察机时的表现非常出色。在 1941 年 12 月 14 日开始的最后一次作战巡航中，"大胆"号上的"无足鸟"至少击落了 4 架"秃鹫"，另外一种舰载机"剑鱼"也对德军 U 型潜艇发起了猛烈进攻，迫使其中一艘因为无法下潜的潜艇 U-131 号不得不自行凿沉。然而，在 12 月 22 日到 23 日夜间，"大胆"号被德国 U-751 号潜艇发射的鱼雷击沉。可以说，盟军之所以能够赢得大西洋海战的战略性胜利，数量众多的护航航空母舰发挥了非常关键的作用，而"大胆"号正是它们之中的先行者。

1942 年 9 月，第一艘护航航空母舰开始在英国皇家海军服役。

截至 1942 年中期，德国潜艇在大西洋的活动非常猖獗，其作战海域均在大部分岸基飞机的航程之外。在这个"大西洋缺口"里，它们更能发挥其作战优势，而且又没有雷达飞机的干扰之虞。随着盟国护航运输队在中大西洋海域损失数量的日益增加，护航运输队急需拥有自己的飞机来提供空中掩护，但正如前面所说的那样，英国皇家海军已经无力抽调任何航空母舰来执行这一任务。

商船航空母舰

为堵住这一缺口，英国海军部下令将几艘运粮拖船和油船改装成商船航空母舰。改装船体的选择是非常慎重的：第一，要以所运送的货物为

左图：二战初期，英国由于缺乏护航航空母舰，使得大西洋护航运输队极易受到德国远程飞机的攻击。鉴于这种局面，英军作出一个明智的决定，为商船加装弹射器，并配备一架战斗机。

主；第二，可以携带自己的操作设备，但这些设备不能影响飞行活动；第三，甲板足够宽，可建造一个小型岛形上层建筑，并能安装一个停机拦截网和 3 条拦阻索。尽管油船有一个较长的甲板，却没有安装升降机，而运粮拖船在船尾配置了一个小型升降机。1943 年 5 月，第一艘商船航空母舰编入护航运输队。截至同年底，世界上共有 18 艘商船航空母舰编入现役，其中荷兰海军拥有两艘。“剑鱼”式飞机是商船航空母舰搭载的唯一一种飞机，这是因为该型飞机非常坚固，能够经受住剧烈的着陆冲击力，但它们所携带的都是深水炸弹。1944 年春天，为准备诺曼底登陆战役，这些商船航空母舰共向欧洲运送了 200 多架飞机。1945 年 6 月，从“麦凯”号商船航空母舰起飞的“剑鱼”式飞机进行了最后一次飞行。

上图：英国皇家海军“坎帕尼亚”号航空母舰是仅有的几艘护航航空母舰之一，由商船改装而成。

偷袭珍珠港

二战爆发之后，美国太平洋舰队成为日本海军在太平洋上进行扩张的主要障碍。英国皇家海军 1940 年突袭塔兰托的做法引起了日本人极大的兴趣，通过对相关经验教训的研究分析之后，他们最后制订出给予美国太平洋舰队致命一击的计划。然而，突袭美国太平洋舰队的建议引起了激烈的争论：首先，美日双方力量相差悬殊，日本海军要想与美国海军进行争夺，必须付出巨大的代价；其次，日本必须要在士气上压倒对方，1904—1905 年的日俄战争就是一个先例，在那次战争中，日本人在一次突然袭击后取得了对于俄国人的精神优势；最后，但也是最关键的一点，对美国的战争应当速战速决，从而防止美国聚集起强大的工业力量进行反扑。最后一点主要基于这样一种假设：在战争的第一天，美国便遭到惨败，从而受到严重的“恐吓”，不敢与日本人打一场长期的战争。

在确保不引起美国人注意的情况下，日本最高指挥部开始实施这项计划。当时，曾经有人认为美国人缺乏战斗意志，日本联合舰队司令长官山本五十六海军大将对此表示怀疑，但他同时认为美日战争必将是一场短期战争，因此，他支持有关突袭美国太平洋舰队重要基地——夏威夷珍珠港的计划。

有关突袭珍珠港的计划由大西龙治郎海军少将负责制订，此时，他正率领着经验丰富的日本海军飞行员研究一种投放木质尾翼鱼雷的新方法。通过日本驻夏威夷领事馆以及对于所截听的无线电数据的分析，日本人搜集了大量有关美国海军实力和舰船动向的情报。1941 年 9 月，日本开始进行大规模演习，截至 11 月初，山本五十六的作战计划完成了。与此同时，日本与美国之间的和平谈判走向破裂，一场无法避免的战争正在逼近。在日本方面，山本五十六海军大将亲自指挥整个联合舰队的作战行动，谨小慎微的南云忠一海军中将担任第 1 航空舰队指挥官。

众所周知，1941 年 12 月 7 日，日本袭击珍珠港取得了彻底的胜利。南云指挥“赤城”号、“加贺”号、“飞龙”号、“苍龙”号、“祥鹤”号和“瑞鹤”号航空母舰出其不意地攻击了美国太平洋舰队基地。在第一波空袭中，美国战列舰“亚利桑那”号被彻底摧毁，“俄克拉荷马”号发生倾覆，“加利福尼亚”号和“弗吉尼亚”号沉没，并对“马里兰”号、“内华达”号和“田纳西”号造成不同程度的破坏；在第二波空袭中，大量停在陆地上的飞机被击毁，人员伤亡惨重。当时，倘若连续实施第三波空袭的话，那么将会有更多的美国舰船被击沉，但南云中将没有批准

左图：英国皇家海军“不协”号航空母舰，靠近尾部升降机处停放的是一架“海火”式战斗机。该舰及其姊妹舰直到 1944 年才最终建成。

飞行员的请战要求，匆忙收兵了。

毫无疑问，日本人为取得这一次成功花费了大量的心血。尽管这足以使美国人蒙羞，但突袭珍珠港并没有达到日本人的长期目标。根据最初的设想，日本的132架A6M2型“零”式战斗机、129架D3A1型俯冲轰炸机和143架B5N2型鱼雷轰炸机本应取得更辉煌的战果，而实际上并非如此。造成这种结局的原因有二：一是由于情报错误，美国“企业”号和“列克星敦”号航空母舰并没有像原先设想的那样在港内遭到打击；二是袭击计划中甚至没有将修船厂和油库这两个关键性战略目标包括在内。对于美国人来说，在其所遭受的损失中，除了“亚利桑那”号之外，所有战列舰均能修复，舰上所有的防御武器均能重新进行更换，但是如果没有了油库或修船厂，珍珠港至少将在一年多的时间里无法对太平洋舰队提

右图：1941年12月7日，日本航母舰载机飞行员所观察到的珍珠港的场景，日军投掷的炸弹在成排的战列舰中爆炸。

供强有力的支援。然而，更为重要的是，日本人的这次袭击行动使得美国人摆脱了孤立主义，为雪“国耻日”之耻辱，整个美国都团结起来了。

过于简单化地理解某一事件的历史意义是很危险的，但有一点却是毋庸置疑的：珍珠港事件成为航空母舰作战史上的一座里程碑。在接下来的战争中，“纯”航母战术成为美日交战的唯一模式，美国海军必须把航母特混编队作为进攻部队

上图和下图：A6M2 型战斗机的俯视图和侧视图。

日本海军 VAL 型俯冲轰炸机正在待命起飞，背景是威名赫赫的“赤城”号航空母舰。

的核心，而非仅仅作为一支作战中队。美国人曾考虑过这种航母中心战术，甚至还进行过相关实验，但是这一战术从来没有成为正式的准则。

在当时，对于所有这一切的作战理论及模式，人们均未能意识到。在袭击珍珠港后的6个月内，日本海军似乎所向披靡，美国海军“企业”号、“列克星敦”号和“萨拉托加”号航空母舰曾试图阻止南云编队进攻威克岛，但均无功而返。事实上，对于这些美国航空母舰来说，最幸运的是，它们居然没有遭遇上南云麾下的训练有素的航空大队。此后，日本派遣4艘水上飞机母舰开始进攻菲律宾，但没有派遣航空母舰去征服马来亚，因为力量稍逊一筹的英国军队在那里没有部署航母。在马来海战中，由于英国人完全丧失了制空权，日本岸基鱼雷轰炸机轻而易举地就将“威尔士亲王”号和“反击”号等英国主力舰送入海底。实际上，英国人曾计划把“不屈”号航空母舰派遣到新加坡，但这艘航母却在西印度群岛搁浅。这一意外对它来说也许是幸运的，因为其上载的航速极低的舰载机根本不是日本飞机的对手，倘若“不屈”号参战的话，那只能加重英国人的损失。

上图：“英王乔治五世”级战列舰“威尔士亲王”号于1939年5月3日下水，1941年3月建成，是当时英国皇家海军性能最先进、火力最强大的战舰。1941年12月10日，正当“威尔士亲王”号四处搜寻日军登陆部队时，被日军航母舰载机投掷的炸弹和鱼雷击沉在马来海域，与它一起葬身大海的还有包括菲利浦海军上将在内的327名官兵。这次海战不但展示了空中力量的强大威力，还标志着战列舰作为海军主力战舰时代的结束。

1942年1月20日，就在他的快速航空母舰刚刚重返战场之后，南云海军中将就开始进攻东印度群岛，对新不列颠的拉布尔发起攻击。“飞龙”号、“苍龙”号和“瑞鹤”号航空母舰执行入侵安汶的任务，而另一支航空大队则攻击位于苏门答腊海域的美—英—荷—澳4国巡洋舰编队。2月15日，日本第1航空舰队的188架飞机对澳大利亚的达尔文港和布鲁姆发起攻击，这是一次先发制人的进攻，目的在于防止澳大利亚人干预其入侵爪哇的行动。当时，在爪哇海域的盟军航空母舰仅有英国“不屈”号和美国“兰利”号，前者刚刚将50架“飓风”式飞机移走，舰上所搭载的航空大队飞机数量仅有50%，根本无法与敌人抗衡。于是，这艘英国航母小心谨慎地撤退了。“兰利”号航空母舰此时正向芝拉扎运送P－40型战斗机，因此遭到日本陆基轰炸机的攻击，并于2月26日沉没。截至3月初，日本人以极小的代价取得对东南亚石油、橡胶和煤矿资源的控制权。

3月26日，日本人继续横冲直撞，这一次的攻击目标是印度洋上的英国皇家海军编队。日本海军出动5艘航空母舰对位于锡兰（斯里兰卡）的亭可马里基地和科伦坡港发动攻击，同时，“龙骧”号航空母舰和4艘巡洋舰在印度外海破坏盟军的海上运输线。从理论上讲，在此部署的英国皇家海军实力与日本海军不相上下，共有3艘航空母舰和5艘战列舰，均由詹姆斯·萨默维尔海军中将指挥。但“可畏”号、“不屈”号和“竞技神”号航空母舰总共搭载了16架“欧洲燕”式、21架“管鼻藿”式和“海上飓风”式飞机，以及一支由“金枪鱼”式和“剑鱼”式飞机组成的混合编队，而其对手却是100架“零”式战斗机；此外，英国的战列舰也不是日本水面舰队的对手，以上这些差距所引起的后果将在接下来的交战中暴露出来。

萨默维尔海军中将并不打算与敌人发生正面冲突，相反，他下令舰队在白天尽力保持在敌人的打击范围之外，到了晚上，则利用雷达优势与敌人进行接触；此外，他的另一项优势是拥有一个新的秘密基地，该基地位于科伦坡西南方大约800千米（500英里）处的马尔代夫群岛的阿杜环礁上，直到很久以后，南云海军中将才发现该基地。

由于飞机数量有限，英国海军航空兵发明了夜航技术，该技术远远高于日本和美国的飞行技术。在使用雷达加强昼间防御方面，英军在地中海所进行的大规模护航作战为飞行员们提供了宝贵的经验。英军的原则是，把战斗机集中用于最能发挥作战效能的地方，使它们在空中“待命”，并形成直角从太阳方向接近敌人，避免正面迎敌，从而不必在敌方视线前进行极其耗时的180度转弯。同时，敌友识别技术的改进使得战斗机指挥官在雷达屏幕上便可很好地辨别出敌我飞机。

尽管拥有以上这些先进技术，但当萨默维尔试图在4月2日与南云舰队进行交战时，作战计划却出现了问题。当时，日本航空母舰并没有在预定时间内出现，于是，萨默维尔乐观地认为南云舰队可能撤退了，他下令由两艘装甲航空母舰和“厌战”号战列舰组成快速分队前往阿杜环礁进行加油，这样一来，位于亭可马里的“竞技神”

号航空母舰和两艘驱逐舰陷入了非常危险的处境，这一失误导致英国皇家海军付出了昂贵的代价。4月5日，“康沃尔”号和“多塞特郡”号重巡洋舰被日本俯冲轰炸机击沉，3天后，从战列舰上起飞的日本水上飞机发现了英国“竞技神”号航空母舰和一些小型舰船，不到两个小时，“竞技神”号及其他舰船就被日军85架俯冲轰炸机击沉。

与此同时，在中太平洋上，美国人正想方设法取得战争的主动权。1942年1月初，“约克城”号航空母舰穿过巴拿马运河，加入“企业”号航母编队，为向萨摩亚群岛运送部队的舰船护航。截至此时，太平洋舰队拥有了4艘航空母舰。1月11日，美国“萨拉托加”号航空母舰在瓦湖岛西南部被一枚鱼雷击中，不得不返回美国本土进行维修。为使进攻吉尔伯特群岛和马绍尔群岛进攻的计划得以继续进行，“大黄蜂”号航空母舰很快就替代了“萨拉托加”号。

下图：两架改进型B5N2型飞机掠过巨大的“大和”号战列舰。实战证明，对于统治海洋数个世纪之久的巨型战舰而言，舰载机是消灭其火力威胁的决定性武器。

以上这些航空母舰被分成3个特混编队：第8特混编队——以“企业”号为核心，由哈尔西海军少将指挥；第11特混编队——以“列克星敦”号为核心，由布朗少将指挥；第17特混编队——以“约克城”号为核心，由弗莱彻少将指挥。第8和第17特混编队将按计划实施打击，而第11特混编队则在威克岛东部进行掩护。接下来，第8特混编队首先对马绍尔群岛的夸贾林环礁发动攻击，尽管给日本护航运输队造成了轻微损失，但自身也遭到敌人防空战斗机的阻击。第17特混编队负责对吉尔伯特群岛发动进攻，但取得的战绩更小。后来，这次进攻被描述成一次“代价昂贵的飞行员训练演习”。不过，这次行动的确暴露出美国海军所存在的战术弱点。最糟糕的是，F4F型“野猫”式战斗机（“欧洲燕”式战斗机的海军航空兵版本）缺乏敌友识别仪，战斗机指挥官无法识别己方攻击机和敌人空中巡逻机；而且，由于飞机缺乏良好的远程无线电通信设备，在48千米（30英里）以外无法正常进行双向无线电通信联络。

“大黄蜂”号新型航空母舰被指定执行一次不同寻常的任务。早在1942年1月10日，一位潜艇舰员就向美国海军作战部长参谋机构提出建议，从航空母舰上起飞陆军轰炸机对东京进行轰炸。在海军作战部长的空中作战参谋机构研究过该项建议后，发现B－25型双发动机轰炸机可以从航母上起飞，而且也可在航母上进行降落。著名飞行员詹姆斯·杜利特尔陆军中校奉命执行这次攻击任务。2月10日，“大黄蜂”号航空母舰在弗吉尼亚角外海进行飞行试验，两架B－25型飞机成功地从航母上起飞了。

4月2日，在经过短暂的准备之后，“大黄蜂”号航空母舰满载16架B－25型轰炸机离开旧金山，其姊妹舰“企业”号为其执行护航任务，一道组成第16特混编队，由哈尔西将军指挥。在最后的航渡阶段，“大黄蜂”号将护航驱逐舰甩在了后面，因为它们缺少高速续航能力，但4艘巡洋舰仍然伴随航母一起航行。4月18日，尽管当时的风速高达40海里，但16架B－25型轰炸机仍

左图：第二次世界大战爆发初期，“反击”号与其他战舰一道在海上搜索那些偷越封锁线的德国舰船。1940年4月，它经历了发生在挪威海域的诸多战斗。1941年5月，它参与围歼德国海军战列舰“俾斯麦”号。同年晚些时候，它和“威尔士亲王”号战列舰奉命前往远东加强新加坡的防御。这是一项致命的决定，就在12月10日这一天，正当它们四处寻找企图在马来海岸登陆的日军部队并与之进行作战的时候，被日军飞机击沉在马来半岛东海岸。

然安全起飞了，第 16 特混编队随后就全速撤退。

日本人尽管意识到美国海军可能要轰炸日本，但没有想到 B — 25 型轰炸机将参加轰炸行动，而且还错误地预测了飞机抵达的时间。因此，当轰炸开始时，东京上空的防御力量非常薄弱，在轰炸结束后，这些飞机没有受到任何拦截便飞向了中国。当时，重庆上空的气候非常恶劣，许多飞行员被迫在黑暗中跳伞，有 4 架飞机进行“坠毁迫降”，其中 1 名飞行员在符拉迪沃斯托克被苏联人扣留，3 名飞行员失踪，这次行动被称作“杜

上图：英国皇家海军的“伊丽莎白女王”级无畏舰“厌战”号。它所参加的战斗比其他任何一艘战舰都要多，所享有的荣誉比其他任何一艘战舰都要高。

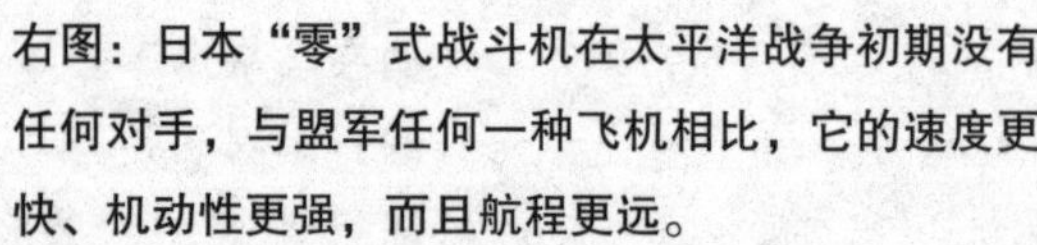

右图：日本“零”式战斗机在太平洋战争初期没有任何对手，与盟军任何一种飞机相比，它的速度更快、机动性更强，而且航程更远。

利特尔轰炸东京”，尽管其军事效果微不足道，但标志着美国人终止了失利的局面，并重重地打击了日本人。在不得不透露发起这次袭击的“秘密基地”时，罗斯福总统仿照詹姆斯·谢尔顿的小说称之为“香格里拉”（秘密航空基地），为纪念这次英勇的行动，一艘新建的“埃塞克斯”级航空母舰被命名为“香格里拉”。

珊瑚海海战

另一个大事件是“珊瑚海海战”，这是山本五十六盼望已久的决定性战役。当时，山本五十六的进攻性战略收到了很好的效果，日本人几乎消灭了美国太平洋舰队，并建立起大批量的岛弧链基地，以便保护日本新征服的地区。但正如“杜利特尔轰炸东京”所反映的情况一样，美国海军航空母舰仍然对日本海军构成威胁。尽管山本五十六已经制订出与美国作战的不同计划，但他仍然同意了陆军收复西南太平洋的作战计划。在当时，日本陆军意识到，澳大利亚的战略地位对于盟军的任何反攻行动来讲都是非常关键，而且任何此类进攻都将直接威胁到日本陆军在腊包尔的军事基地，因此，他们请求海军对其进行支援。日本陆军策划的行动计划为“M O号作战”，包括对新几内亚岛的莫尔兹比港进行两栖攻击以及夺取所罗门群岛的图拉吉岛。

5月1日，为支援日本陆军在莫尔兹比港口的登陆行动，井上成美海军上将率领“祥鹤”号和“瑞鹤”号航母突击部队离开特鲁克，5天后抵达攻击阵位，准备狙击美军对日本陆军的任何进攻行动。美国参战部队为第17特混编队，包括奥布里·菲奇海军少将指挥的“列克星敦”号以及福克兰·弗莱彻海军少将指挥的“约克城”号航

下图：在日军偷袭珍珠港后，美国海军战列舰“西弗吉尼亚”号（BB.48）和“田纳西”号（BB.42）燃起了熊熊大火。

下图：美国海军“萨拉托加”号航空母舰最初开工时也是被作为战列巡洋舰进行建造的，1925年4月7日，“萨拉托加”号正式下水，1928年最终建成，随后编入太平洋舰队服役。1941年12月7日，当日本海军偷袭太平洋舰队基地珍珠港时，“萨拉托加”号正在执行向威克岛输送战斗机的任务，因此幸运地躲过了那场空前的浩劫。1942年1月11日，它在瓦胡岛西南800千米海域被日军“伊-6”号潜艇发射的鱼雷击中，但伤势并不严重。经过维修之后，“萨拉托加”号加入弗莱彻海军少将麾下的第17特混舰队作战。同年8月，它再次被日军潜艇发射的鱼雷击中，实施这一次袭击行动的是“伊-26”号潜艇。经过再次维修后，它开始在瓜达尔卡纳尔岛周边海域进行战斗巡逻，为在该地区活动的美军战舰提供了非常宝贵的空中掩护，同时还多次出动舰载机对日军发起攻击。“萨拉托加”号参加过的著名战役主要有东所罗门群岛海战、突袭拉包尔、基尔伯特岛海战、夸贾林环礁和埃尼威托克海战等。此外，它还于1944年编入在印度洋上作战的英国皇家海军东方舰队，并且出动舰载机部队参加进攻印度尼西亚西南部港口沙璜的战斗。1945年2月21日，它被日军4枚“肉弹”——“神风特攻队”飞机——击中，伤势十分严重，最终不得不退出战争。1946年7月25日，“萨拉托加”号的舰体在美军比基尼岛核试验中被摧毁。

空母舰。美国在航母舰载机数量上稍占优势，更最重要的是，珍珠港的密码员掌握了日本的舰队密码，获取了无比珍贵的情报，此举使得尼米兹将军及其参谋人员准确地掌握了日军的企图。此外，美国人还拥有了雷达，“约克城”号的部分舰载机也装备了敌我识别系统。但在这一阶段，日本人在航空母舰战术上仍然占有优势，日本航母不是以一艘航母为核心进行独立作战，而是将所有航母作为一个整体进行作战，这样不仅具备最大限度的空中掩护能力，而且还能得到护航部队的防御火力支援，同时，还使战斗巡逻机和轰炸机能够有效地进行协调和合作。而在这方面，美国的多点打击作战方式则显得杂乱无章。

美国航空母舰先发制人。5 月 4 日早晨，他

上图：“大黄蜂”号航空母舰(CV-7)1939 年 9 月在纽波特纽斯造船厂开工，1940 年 12 月 14 日下水，1941 年 10 月建成，是美国海军第 3 艘“约克城”级航空母舰。与姊妹舰“约克城”号和“企业”号不同的是，它拥有一个大型飞行甲板和两台弹射器。1942 年 4 月 2 日，“大黄蜂”号航空母舰满载着 16 架 B-25 型轰炸机起航，与担任护航任务的姊妹舰“企业”号共同组成第 16 特混舰队，在哈尔西海军中将的指挥下执行空袭日本首都东京的任务。“大黄蜂”号还参加了著名的中途岛海战，尽管其鱼雷轰炸机中队损失惨重，但其俯冲轰炸机成功击沉了 3 艘日本航空母舰。1942 年 10 月，瓜达尔卡纳尔岛争夺战激烈进行期间，“大黄蜂”号掩护运输船队向岛上美军要塞输送物资。1942 年 10 月 26 日，在圣克鲁斯海战中，“大黄蜂”号先后被 4 枚炸弹和 3 枚鱼雷击中，接着又被两架飞机撞伤。事实上，“大黄蜂”号原本可以幸存下来，但为了避免被俘的命运，它选择了自沉，舰员阵亡 111 人。最后，日本驱逐舰发起致命一击，发射 4 颗“长矛”鱼雷将其击沉。

们在图拉吉港内发现了入侵的日本运输舰船，立即对其发起进攻，击沉并击伤对方的大部分舰船。两天后，一架陆军轰炸机发现日本“祥凤”号轻型航空母舰正在布干维尔（岛）加油，于是，5月7日中午之前，“列克星敦”号和“约克城”号的舰载机大队对其实施了炸弹和鱼雷攻击，并最终将其击沉。但这次进攻暴露出第17特混编队的行踪，而美国人也意识到，对手并非日本的航空母舰突击部队。

与此同时，井上成美海军上将正在美国海军第17特混编队以北海域活动，但他同样没有发现对手的具体位置。5月7日拂晓，有侦察报告称发现了美国1艘航空母舰和1艘驱逐舰，于是，井上成美海军上将就命令“祥鹤”号和“瑞鹤”号立即发动全面进攻。实际上，它们只不过是1艘油船及其护航驱逐舰，而日军却为此出动51架舰载轰炸机，耗时两个半小时才将其击沉。在这次既不重要也不合时宜的行动中，井上成美海军上将浪费了5个小时的宝贵时间，错过了其主要作战目标——第17特混编队，该舰队此时正准备对“祥凤”号航空母舰发动进攻。为了重新赢得主动权，日本人发动了第二次打击，攻击目标是美国“约克城”号航空母舰，但由于对该艘航母的位置判断失误，导致这次进攻误入歧途。在返航途中，日军舰载机遭到了“约克城”号空中战斗巡逻大队的猛烈截击，并损失9架飞机。在慌乱中，部分幸存者甚至试图在“约克城”号的甲板上降落，幸亏及时反应过来，才避免了这一荒唐错误的发生。在此次升空的27架日军飞机中，共有21架飞机坠毁，这样一来，日本在交战的第一天所损失的舰载机就高达77%，而此时还没有真正与美国的航空母舰进行交手。

上图：在“大黄蜂”号航空母舰（CV-8）的飞行甲板上，杜立特尔上校（左站立者）和马克·A.米彻尔少将（右站立者）同将对东京进行首次空袭的B-25轰炸机机组人员合影。

井上成美率领他的航母编队向北行驶，而“约克城”号则向东行驶以避开恶劣的天气，因为这种天气对飞行非常不利。但到了晚上，日本航母编队改变了航向。黎明时分，日本舰队开始进行搜索，并做好随时对美国航空母舰发动进攻的准备。8 时许，他们发现目标，但报告发现目标的电报却被美军截获并呈报给菲奇海军少将，此时他正在“列克星敦”号上指挥第 17 特混编队，于是，他在 6 时 25 分也下达了进行大范围搜索的命令。几乎与此同时，一架美军“大胆”式俯冲轰炸机也发现了“祥鹤”号和“瑞鹤”号航空母舰，接下来，世界海战史上的第一次航母交锋就展开了。

上图：B－25 型轰炸机。

技术参数

“瑞鹤”号

排水量： 32618吨（32105长吨）

舰长： 257米（843英尺2英寸）

舰宽： 29米（95英尺）

吃水： 8.8米（29英尺）

动力装置： 四螺旋桨涡轮机

航速： 32.4节

武器系统： 16座127毫米（5英寸）口径火炮

人员编制： 1660人

飞机： 60架

美国航空母舰共起飞各型飞机 84 架，日本则出动 69 架。“约克城”号搭载的第 5 舰载机大队首先发起进攻，而“列克星敦”号搭载的第 2 舰载机大队却迷失了方向，居然在一个小时之内没有发起任何进攻。第 5 舰载机大队的鱼雷攻击未能获得成功，但其 24 架俯冲轰炸机两次击中了

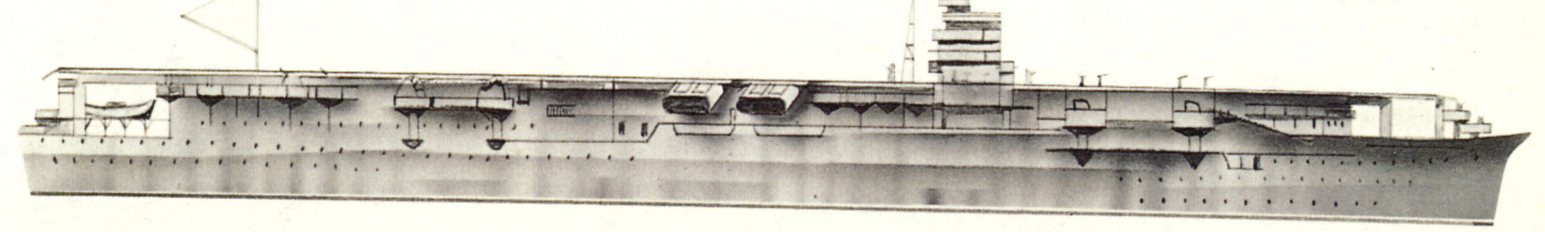

下图：“瑞鹤”号和“翔鹤”号航空母舰是日本海军最为成功的航空母舰，比此前的航空母舰的规模大出很多。

右图：1942 年 4 月 18 日，第一架陆军航空队 B-25 轰炸机从“大黄蜂”号航空母舰上起飞，对日本进行首轮轰炸。15 架飞机将在完成空袭任务后降落于中国，另一架将在苏联的符拉迪沃斯托克降落。

斗机距离己方的航母太近，在敌人的进攻展开之前，只有 3 架飞机与敌机交战。在日军发起鱼雷攻击之后，好在“约克城”号的机动性能较好，躲开了鱼雷攻击，但仍然有一枚 250 千克（550 磅）重的炸弹击中其岛形上层建筑，并在爆炸前穿透了三层甲板。机动性相对较差的“列克星敦”号航母的形势比较严峻，其舰首两侧各遭到 3 架鱼雷轰炸机的攻击，左舷前部被击中一次，中部也被击中一次，两枚 60 千克（130 磅）重的炸弹给其造成轻微的破坏。

“列克星敦”号上有 3 处燃起熊熊大火，消防队员奋力扑救，这艘航母此时好像还能控制自己，但鱼雷爆炸产生的舰体震动使航空汽油系统遭到了严重破坏，多处

“祥鹤”号，一次击中舰首并引燃了航空汽油，另一次击中舰尾，严重破坏了发动机修理车间。之后，“列克星敦”号剩余的部分飞机也发起了进攻，有一枚炸弹击中了“祥鹤”号，但造成的损失不大。

11 时 18 分，日本开始发动进攻，51 架轰炸机和 18 架战斗机组成一支独立的作战部队。“列克星敦”号的雷达在 113 千米（70 英里）处探测到了该次袭击，但其战斗机指挥官却犯了一个致命的错误，他命令俯冲轰炸机和战斗机以及鱼雷轰炸机分别在 5 486 米（18 000 英尺）和 1 828 米（6 000 英尺）的高空飞行，而空中战斗巡逻机则在它们之间飞行，更糟糕的是，这些“野猫”战

右图：1942 年 5 月 8 日珊瑚海海战中，“翔鹤”号和“瑞鹤”号航母上的舰载轰炸机和鱼雷攻击机对“列克星敦”号进行了攻击。在熊熊大火和滚滚浓烟中，“列克星敦”号最终沉没海底。

漏油点使得下层甲板笼罩在滚滚浓烟之中。在被击中大约1小时后，舰上的电火花引起一次大爆炸和几次小规模爆炸，并燃起了新的大火。在这段期间内，“列克星敦”号航母一直没有停止回收飞机，甚至还起飞了一支空中战斗巡逻队，但火势越来越猛烈。14时45分，它又遭到了第二次大爆炸的冲击。半小时后，“列克星敦”号停止了飞行活动，开始请求“约克城”号尽可能多地回收它 的飞机。17时之后，“列克星敦”号被放弃，3小时后，一艘护航驱逐舰利用鱼雷将其击沉。

相对而言，“约克城”号航空母舰就要幸运得多，其火势得到了控制，作战能力也没有削弱。

上图：1941年中期，正在航行中的日本“赤城”号航空母舰。与新建成的“飞龙”号一样，经过现代化改进的“赤城”号装备了一个左舷岛形上层建筑。

上图：英国皇家海军“不倦”号航空母舰正穿越苏伊士运河驶往太平洋。尽管外形令人望而生畏，但它只能搭载“海火”式战斗机。

A6M5c“零”式飞机

A6M5c(53c 型)战斗机是在战争后期为了打破美军空中优势而引入的一个新机型，它是“零”式战斗机的改型，将标准 M5 型所具有的基本改良特征同更加强大的火力相结合，在机翼上 20 毫米机炮的舷外侧带有两挺 13.2 毫米重型机枪。

构造

A6M5 型战斗机带有非折叠型机翼，圆形机头，表面更加厚实，独立排气管、自封闭油箱和驾驶员背后防护使得安全性能更加可靠。

生产情况

A6M5c 型战斗机共生产 93 架。

战斗载荷

轻型“零”式飞机只能装载 2 枚 60 千克炸弹，每个机翼下携带 1 枚。如果执行自杀式攻击任务，可在原外部油箱位置加挂 1 枚 250 千克炸弹。

性能

A6M5c 机型最大速度可达 565 千米/小时，最大升限达 11740 米。

动力

NK1F“繁荣”21 型星形活塞式发动机提供 843 千瓦动力。

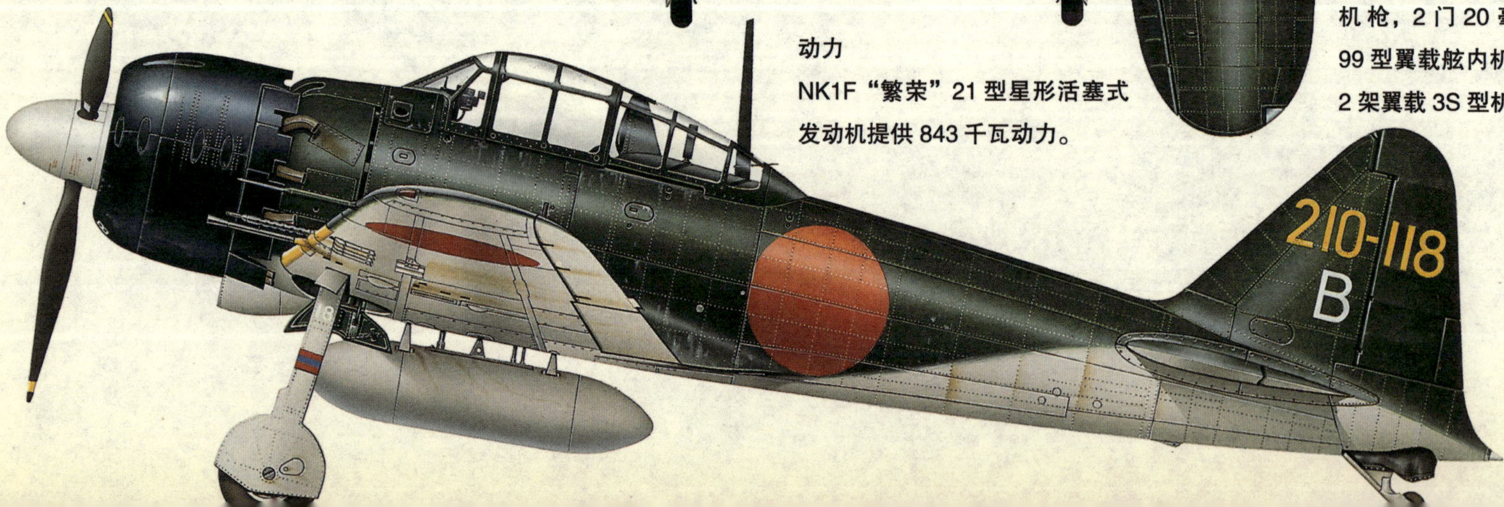

枪炮

A5M 型战斗机的武器系统包括 1 挺 13.2 毫米 3 型重型机枪，2 门 20 毫米 99 型翼载舷内机炮，2 架翼载 3S 型机炮。

210-118
B

而那些得意忘形的日本飞行员看到“约克城”号航母燃起了熊熊大火，于是就报告说击沉了“两艘”航空母舰。在战斗中，日本“祥鹤”号航空母舰遭到严重损坏，后来，该舰勉强返回日本本土，并进行了长达3个月的维修。与此同时，其姊妹舰“瑞鹤”号也需要进行故障维修，因此，在太平洋战争的关键时刻，日本两艘最出色的航空母舰却不能参加作战。在这场海战中，美国海军在第一天赢得了一次重要的战略性胜利，但在第二天却遭到了一次战术性失败。此役，日军损失了一艘轻型航空母舰，而美军损失了一艘小型航空母舰。虽然日本拥有优秀的飞行员和飞机，却没有发挥出应有的作用。日军在此受挫后就中止了对莫尔兹比港的进攻。

日本人理所当然地把珊瑚海海战看做是一个小小的插曲。尽管陆军仍然想夺取莫尔兹比港，以此拉开入侵北部澳大利亚的序幕，但山本五十六海军大将和日本海军则认为，其最重要的任务是首先歼灭美国海军航空母舰。这位日本联合舰队司令长官坚持认为，攻陷设在中途岛的小型美军基地是关键之所在，尽管仅有的两个岛屿总面积只有445公顷（1100英亩），但该环礁正

技术参数

“大凤”号

排水量： 37866吨（37270长吨）

舰长： 260．6米（855英尺）

舰宽： 30米（98英尺6英寸）

吃水： 9.6米（31英尺6英寸）

动力装置： 四螺旋桨涡轮机

航速： 33.3节

武器装备： 12门10厘米（3.9英寸）和71门25毫米（1英寸）口径火炮

人员编制： 1 751人

飞机： 53架

下图：日本海军“大凤”号航空母舰。该舰与英国皇家海军“卓越”号航空母舰非常相似，二者均建有一个封闭机库和一条装甲飞行甲板。

好位于太平洋中部，是一个重要的前方基地。如果中途岛在日本的控制之下，那么它将破坏美国的战略三角，这个战略三角由美国西海岸和珍珠港的基地组成。山本五十六心里清楚，美国肯定会派重兵防守中途岛，此外，日军远离本土在此作战势必将带来某些后勤补给问题，但日本联合舰队参谋部认为，如果能在此歼灭美国航空母舰，那么进行任何冒险都是值得的。

上图：1944 年 10 月，在莱特湾海战中遭到攻击的日本“瑞凤”号航空母舰。它的伪装设计使其看上去更像一艘战列舰。

中途岛海战

日本对进攻中途岛的计划进行了周密的策划。根据计划，将有 4 艘快速航空母舰在强大的水面部队的支持下进攻中途岛。为防止美国进攻日本本土北部的千岛群岛，日本海军必须首先攻占中途岛以北 2 414 千米（1 500 英里）的阿留申群岛。为此，日本海军两艘轻型航空母舰将支援进攻部队，第 3 艘轻型航空母舰将在距阿留申群岛西南部 805 千米（500 英里）和距进攻中途岛的航母部队西北部 1 851 千米（1 150 英里）处提供空中掩护。计划要求日军快速占领中途岛以建立侦察机基地，因此，日本海军为进攻部队配置了两艘水上飞机母舰。

但是，该项计划中存在两个潜在的问题：所有计划都是按照突然袭击的方针来策划的；所有计划都要根据有关美国海军航空母舰的数量和行踪的优质情报而定。由于美国海军破译了日本海军的密码，所以日军就不可能做到出其不意，而且日本人误认为“约克城”号已在珊瑚海海战中被击沉，因此，他们推测将要面对的美国航空母舰仅有两艘。而在美国方面，通过密码破译，尼米兹海军上将了解到日本正策划在中太平洋发动一场大规模作战行动，同时，密码情报也使他能采取有效措施破坏日本的侦察行动。日本开始实施其自鸣得意的计划，部署一条由13艘潜艇组成的警戒巡逻线。但就在此时，美国第16和第17特混编队已经通过“警戒线”并驶往中途岛。此外，日本人万万没有想到，美国人仅用3天时间就修复了“约克城”号航空母舰。

由于哈尔西海军少将突然生病，无法履行指挥任务，美国海军不得不调整指挥权，将第16特混编队的指挥权交给雷蒙德·斯普鲁恩斯海军少将，他在“企业”号航空母舰上进行指挥，下辖“大黄蜂”号航空母舰，而弗莱彻海军少将继续担任第17特混编队司令，在“约克城”号上进行指挥。南云中将的航空母舰突击力量包括“赤城”号、“加贺”号、“飞龙”号和“苍龙”号4艘。由于自从1941年12月以来，这些航母一直在执行任务，所以他认为这些航母急需维修。然而，以敏感著称的南云海军中将的观点没有引起任何人的重视，因为大家都记得他在袭击珍珠港之前也是一个悲观主义者。与此同时，山本五十六海军大将也病倒了，但即使他仍处于最高领导地位，日本关于美国航母数量的错误情报对于日军作战计划而言也是致命的——美日航母力量的对比是3:4，而不是2:4。当美国海军掌握了日军将进攻中途岛的作战意图之后，尼米兹海军上将并未理会日本对阿留申群岛的牵制性进攻，而是将其所有航空母舰部署在中途岛东北643千米（400英里）处待命。

6月3日，一架“卡塔利娜”式水上飞机在中途岛以西1 287千米（800英里）处发现日本舰队。当天下午，中途岛的美军陆基飞机对日军部队发动了一系列进攻，但大部分进攻均未达到任何作战效果。黄昏时分，双方的航母部队都在向中途岛逼近，但谁也不清楚对方的位置。此时，唯一的不同是：美国人清楚他们要搜寻的是4艘日本航空母舰，而日本人甚至连周围有无美国航空母舰尚不清楚。6月4日黎明，双方相距不到400千米（250英里），南云出动108架飞机进攻中途岛以削弱其防御力量，同时，为了对付可能出现的美国舰船，他特意把“加贺”号的航空大队保留下来。弗莱彻海军少将同样很谨慎，为了确保不遭到日本人的侧翼包抄，他仅出动了10架SBD型飞机。6时02分，弗莱彻海军少将获悉，一架“卡塔利娜”式水上飞机在中途岛东北333千米（207英里）处发现日本航母编队，5分钟后，他命令斯普鲁恩斯海军少将下属的两艘航空母舰发动攻击。在SBD型飞机返回“约克城”号之后，他也立即发动进攻。

起初的进展不是很顺利。斯普鲁恩斯海军少将的参谋长过于大意，他认为没有必要对发现敌人的报告进行证实，于是命令即刻对敌人发动进攻。实际上，这是一个轻率的举动，因为南云拥有 90 多架飞机，其航母空中战斗巡逻队挫败了美国航母发动的一次又一次进攻。7 时 07 分，4 架陆基 B－26 型轰炸机和 6 架“复仇者”式鱼雷轰炸战斗机开始进攻“赤城”号和“苍龙”号航空母舰，结果损失了 7 架飞机却毫无收获。从这次进攻中，南云海军上将得出结论：必须进一步加大对中途岛的轰炸力度。于是，他命令出动 93 架飞机执行该项任务，这同时也意味着那些 B5N 型飞机必须返回机库，并卸掉鱼雷改挂炸弹，但在命令发出仅 14 分钟后，一架水上飞机报告称发现美国舰船。但在有关报告中，并没有提到是否有航母存在或其舰载机是否已经起飞的情况，南云犹豫了，要求水上飞机对其报告进行证实，并中止了对剩余轰炸机的重新装备。

7 时 55 分，来自中途岛的美军陆基飞机再次发动进攻，目标是“飞龙”号和“苍龙”号航空母舰。8 时 10 分和 8 时 30 分，它们又发动了第二、三波进攻行动，但没有取得任何战果。更糟糕的是，正在发动第三波进攻的 SB2 U 型“复仇者”式飞机与返回的第一波飞机在空中相遇，混乱的状况导致一些飞机坠毁或被迫降落在水面上。据最后统计，此次进攻行动共损失了 36 架飞机，

技术参数

“信浓”号

排水量： 74208吨（73040长吨）

舰长： 266米（872英尺9英寸）

舰宽： 40米（131英尺3英寸）

吃水： 10.3米（33英尺9英寸）

动力装置： 四螺旋桨涡轮机

航速： 28节

武器系统： 16门12.7厘米（5英寸）和145门25毫米（1英寸）口径火炮，336座火箭发射器

人员编制： 2400人

舰载机： 120架

占出动飞机总数的33%。然而，尽管从中途岛发动的进攻没有收到任何效果，却给南云海军上将施加了很大压力，他意识到自己中计了，于是在回收完飞机后果断地向北驶去，对美国海军第16特混编队发动了攻击，甚至连美国“企业”号和“大黄蜂”号航空母舰的到来也没能阻止其进攻行动，因为就像往常一样，它们之间缺少协调。这两艘美国航母共发动了4次进攻：第一次进攻被瓦解了，第二次和第三次进攻没有对日本航母编队造成任何破坏，而第四次进攻没有发现目标。

美军另外50架SBD型飞机飞过了预定阵位，它们发现了一艘孤单的日本驱逐舰，并返回“企业”号航空母舰。航空大队司令麦克拉斯基正确分析了该艘日舰的预定行动，并命令航空大队对

上图：切斯特·威廉·尼米兹上将（中）他经常深入基层，从一艘航母飞到另一艘航母，亲自到海上提高舰载机飞行员的士气。

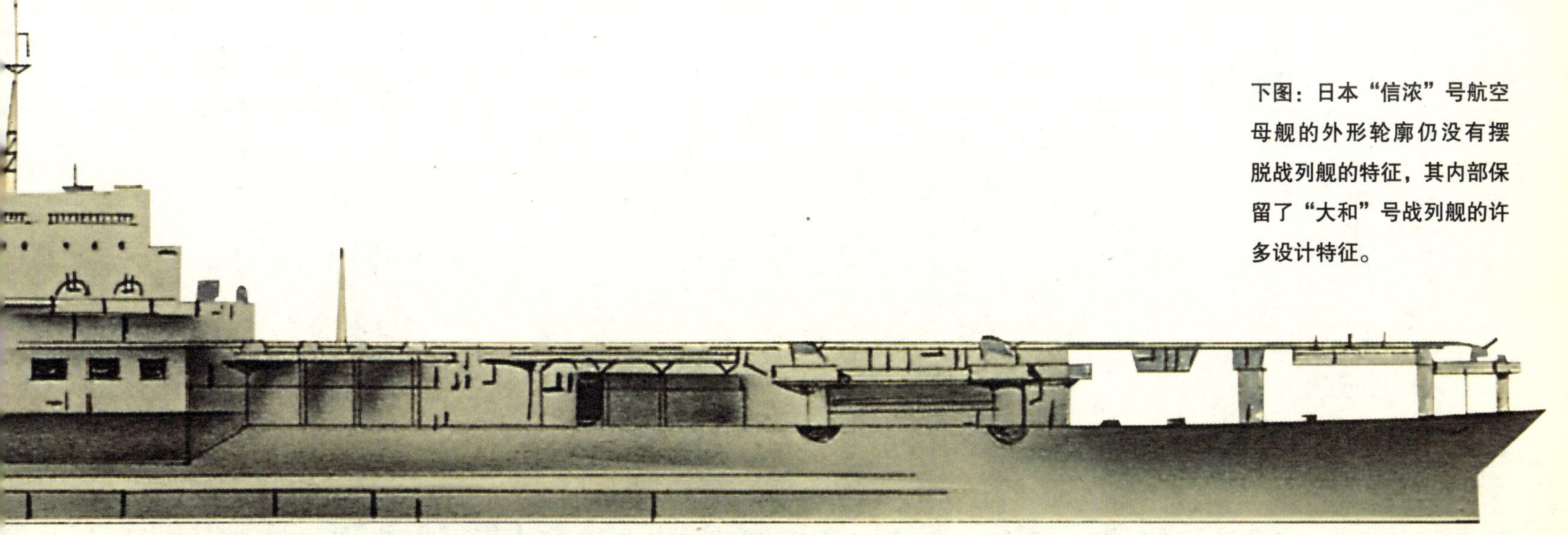

下图：日本“信浓”号航空母舰的外形轮廓仍没有摆脱战列舰的特征，其内部保留了“大和”号战列舰的许多设计特征。

其进行跟踪。大约10时05分，美军飞机发现了日军所有4艘正以菱形编队航行的航空母舰。这一次，美军对进攻行动进行了很好的协调，结果有2枚炸弹击中了“赤城”号，至少4枚炸弹击中了“加贺”号，3枚炸弹击中了“苍龙”号，而美国的俯冲轰炸机却没有遭到任何损失。其中，“加贺”号航空母舰所遭受的破坏最严重，舰体前部燃起了熊熊大火，舰长被在岛形上层建筑前面爆炸的炸弹当场炸死。在大火燃烧了大约3个小时之后，该艘航母被放弃，大约800名舰员遇难。“苍龙”号从船头至船尾都燃起了大火，于10时40分后失去了控制，5分钟后被迫弃船，但在沉没之前又在海上漂浮了8个小时，700多名舰员葬身大海。“赤城”号的情况略好一点，其舰长出色的指挥为南云海军中将赢得了宝贵时间，他把指挥部转移到了一艘轻巡洋舰上。直到19时15

下图：日本海军“赤城”号航空母舰以东京西北部一座山峰的名字命名。日本人最初计划将“赤城”号建成一艘快速战列巡洋舰，但由于受到《华盛顿海军裁军条约》的限制，与其同级的另外3艘战舰（“天城”号、“爱宕”号和“高雄”号）的建造计划均在1922年取消，而当时已经建成40%的“赤城”号的建造工作也由于同样原因暂时搁置下来。1923年，日本人将其重新定级为航空母舰进行建造。1941年12月，“赤城”号作为日军特混舰队的一员参加了偷袭美军太平洋舰队基地珍珠港的行动。在随后的一系列作战行动中，它的舰载机部队先后参与攻击了拉包尔、爪哇和锡兰（今斯里兰卡）等地的盟军地面目标，并于1942年年初对澳大利亚港口达尔文市进行突袭。1942年6月4日，“赤城”号在中途岛海战中遭到美军飞机的重创，最终不得不被日军自己的驱逐舰击沉。

分，“赤城”号才被最后放弃，仅有221名舰员遇难。

尽管南云损失了3/4的作战部队，但他手中仍有一张最后的王牌——没有遭到损坏的“飞龙”号航空母舰，因此，南云立即命令这艘航母向敌人发起进攻。但由于它在进攻中途岛时损失了10架轰炸机，而且幸存的飞机还需要进行维修保养，所以该舰不可能发动一次全面的炸弹和鱼雷协同进攻。而美国人已经使用了所有17架攻击机，返回的60架TBD型和SBD型飞机也至少需要4个小时进行重新装弹和加油。

此时，“约克城”号是唯一拥有侦察飞机的美国航空母舰，11时30分，在回收攻击机之前，它出动了10架SBD型飞机。半小时后，其雷达发现“飞龙”号航母舰载机正在向自己逼近，于是，“野猫”式飞机立即升空进行拦截。与此同

下图：1939年4月，刚竣工不久的“飞龙”号航空母舰正在进行海上试航。该艘航母在3年后的中途岛海战中被击沉。

时，航空母舰本身也采取了最后的预防措施：立即停止飞机加油工作，立即对航空汽油供应系统填充二氧化碳，以便隔离燃油气体。

美国“约克城”号航空母舰的上空发生了一场空前的飞机混战，许多日本攻击机纷纷对其投掷炸弹，8 架 D3A“VAL”式飞机在雷达屏幕上一闪而过，其中 6 架被击落，但它们投下的炸弹中有 3 枚击中“约克城”号航母，一枚在飞行甲板上爆炸，第二枚在烟囱的底座爆炸，并把锅炉的火熄灭了，第三枚穿透了 3 层甲板。好在这次破损控制工作非常成功，甲板下航空汽油燃起的熊熊大火也得到了控制，但“约克城”号失去了所有的动力，截至 12 时 20 分，该舰瘫痪在水中无法前行。于是，斯普鲁恩斯海军少将派遣两艘巡洋舰和两艘驱逐舰对其进行保护，截至 13 时 30 分，“约克城”号的 3 台锅炉重新开始工作，并以 20 节的航速前行。其空中战斗巡逻队已被疏散到其他航空母舰之上，它又能够重新开始为攻击机加油和补充弹药。大约 1 小时后，美军发现日本“飞龙”号航空母舰又出动 10 架 B5N 型和 6 架“零”式飞机，发动第二波进攻。这一次，美军空中战斗巡逻队只击落两架 B5N 型飞机，而日

下图：倾倒在日本吴港的“葛城”号航空母舰残骸。由于它抵达战场的时间太晚，已经无法改变战争的结局。

机则投放了4枚鱼雷，其中2枚击中“约克城”号的左舷。逃脱的5架进攻飞机返回“飞龙”号航母，并报告“约克城”号被击沉。

现在，日本人陷入了错误的情报之中。日本飞行员万万没有想到，他们中午亲眼目睹的燃着熊熊大火的“约克城”号竟然能够幸存下来（他们对己方3艘航空母舰的沉没场面记忆犹新），他们想当然地认为已经击沉了第二艘美国航空母舰。由于日本海军一直认为整个海区只有两艘美国航母，所以从逻辑上分析该海区不会再有美国航母了。然而，尽管“约克城”号遭受重创，但它并没有沉没，而且其姊妹舰也没有遭到破坏，只是其航空大队损失严重。接下来，美国第16特混编队组织了一次几乎没有希望的进攻：“企业”号出动4架TBD型飞机和24架SBD型飞机，“大黄蜂”号出动22架SBD型飞机。大约15时30分，“企业”号首先发动了进攻，30分钟后，“大黄蜂”号也发动了进攻，只留下50架“野猫”式战斗机保护航母。

日本“飞龙”号航空母舰计划于16时30分对“约克城”号发动第三波进攻，但为了让筋疲力尽的飞行员们吃晚饭，有关进攻计划被推迟了。然而，这顿饭永远不会吃完，因为在没有任何警告的情况下，美军13架俯冲轰炸机从太阳方向对“飞龙”号发起了进攻，其他飞机则分头攻击护航舰船。首批3枚炸弹没有击中目标，但随后的4枚炸弹击中了目标，其中两枚击中岛形上层建筑前部，另外两枚击中船体中部。“飞龙”号的机库再次发生强烈爆炸，点燃了为下一次进攻而准备的鱼雷弹头和炸弹。由于爆炸破坏了消防设备，所以，舰员对快速蔓延的火海束手无策，但“飞龙”号仍能以25节的航速航行，大火燃烧了整整一夜，2时30分，该艘航母被最后放弃。

上图：鸥型翼F4U“海盗”是二战中最杰出的舰载战斗机。由于其速度过快，F4U“海盗”在航空母舰上操作时有很大困难，因此此机型最后归海军陆战队所用，海军则继续使用“地狱猫”战斗机。

山本五十六海军大将很平静地接受了这一消

息，并试图集中其分散的部队重新组织进攻。但是，6月5日，他不得不接受失败的命运，并与其联合舰队和入侵部队一起撤退。不管怎样，鉴于斯普鲁恩斯海军少将已经率领美国航母编队向东驶去，对日本人来说，已经没有可与之交战的美国航空母舰了。

然而，日本人还是进行了一次较小规模的报复行动。5日傍晚，遭到重创的“约克城”号仍在海上漂浮，同时美国人想把它拖回。次日凌晨2时，4艘驱逐舰作好了待命准备，4时整，“汉曼”号驱逐舰开了过来，并与“约克城”号航空母舰并行，为其水泵提供动力。由于侧倾度有所减小，再加上大火已被扑灭，“约克城”号重新燃起了获救的希望。但在第二天下午13时30分，

上图：日本帝国海军“加贺”号航空母舰最初曾被作为一艘战列舰进行建造，于1920年11月17日下水。在随后进行的中途岛海战期间，“加贺”号和其他航母一起组成航母特混舰队，企图一举拿下美军在中太平洋的这个战略基地。然而，由于美军提前掌握了日军的作战企图，出动大批俯冲轰炸机和鱼雷轰炸机对日军航母编队发起猛烈反击，“加贺”号、“赤城”号和“苍龙”号相继被击沉。这之中，“加贺”号的下场最为悲惨，它的舰体前部燃起了熊熊大火，舰长被当场炸死。大火燃烧了大约3个小时之后，“加贺”号沉没了，800多名舰员葬身海底。

日军“伊－168”号潜艇向其悄然逼近，并对其发射4枚鱼雷，其中3枚击中“约克城”号的右舷，第4枚鱼雷将“汉曼”号驱逐舰拦腰截断。尽管如此，“约克城”号一直坚持到6月7日5时整。它的光荣使命最终结束了。

在太平洋战争中，中途岛海战不但是一次具有深远影响的战役，也是一个重要的转折点。尽管美国没有完全赢得这次海战，却给日本大本营造成沉重的打击。据说，在后来的几周内，日本大本营陷入一片绝望之中，他们担心盟国马上就要攻击日本本土。在这次海战中，日本海军不但损失了4艘最具威力的航空母舰，而且至少损失了260架战机和45%的富有作战经验的飞行员。但在日本陆军方面，为了进一步扩张，陆军将领们全然不顾海军的损失，要求海军为其提供空中支援，而海军航母编队则需要时间进行休整、训练新飞行员以及装备新飞机，这样一来，日本陆、海军之间的致命隔阂很快就扩大起来。山本五十六海军大将最害怕的事情发生了：首先，与美国人所进行的那场决战（中途岛海战）没有实

左图：美国海军“约克城”号航空母舰1936年4月6日下水，第二年9月建成，是第二次世界大战期间的一艘功勋卓著的战舰。

现摧毁对方主力舰队的目标；现在，日美双方又在航空母舰建造领域展开了激烈的竞争。此时，美国第一艘“埃塞克斯”级新型航空母舰接近完工，另外一支由水面战舰和潜艇组成的大型舰队也即将组成，这一切都将促成日本帝国的彻底毁灭。

事实上，美日海军之间只进行过两次真正意义上的航空母舰对航空母舰的战斗，一次是8月24日的东所罗门群岛海战，另一次是10月26日的圣克鲁斯海战。当时，日本陆军决心攻占所罗门群岛，随即就发生了这两场战役，最终发展成为惨烈的瓜达尔卡纳尔岛争夺战。在第一次战斗中，日本海军“龙骧”号航空母舰被击沉，美国海军“企业”号航空母舰受损，与中途岛海战一样，美军挫败了日军的进攻企图。8月31日，美军“萨拉托加”号航空母舰被日本潜艇发射的鱼雷击中，不得不返回本土进行维修。9月15日，美国“黄蜂”号航空母舰也被鱼雷击中，但这一次就没有那么幸运，“黄蜂”号在受到鱼雷攻击后，油料管和消防管道被炸裂，随即发生大火，在不到半个小时之内便被烧毁，美国人不得不将其放弃。这样一来，美国海军在太平洋前线只剩下“大黄蜂”号一艘航空母舰。但幸运的是，就在圣克鲁斯海战发生的前两天，美国海军“企业”号航空母舰返回前线，但双方力量对比仍然悬殊，在日本方面，南云忠一海军中将麾下共有“祥鹤”、“瑞鹤”、“瑞凤”、“隼鹰”号4艘航空母舰。即便如此，日军取得的唯一成就也只是用俯冲轰炸机和鱼雷轰炸机打了一场像样的进攻战，击沉了美海军“大黄蜂”号航空母舰。其实，“大黄蜂”号原本可以幸存下来，但它为了避免被俘的命运，选择了自沉。最后，日本海军驱逐舰对其发起致命一击——发射4条“长矛”式鱼雷将其击沉。

日本遭受的损失

日本虽然取得了圣克鲁斯海战的胜利，但为此付出了惨重代价。因为，日本以“祥鹤”号、“瑞鹤”号航空母舰轻微受伤的代价击沉了美军两艘航空母舰，但在瓜达尔卡纳尔岛周围却毫无意义地损失了100多架战机和大部分飞行员。1943年2月初，瓜达尔卡纳尔岛争夺战结束，美国方面损失2艘航空母舰、8艘巡洋舰和14艘驱逐舰，而日本海军航空兵则损失了1 000多架战机和数以千计的飞行员。更为糟糕的是，日本海军一直缺乏一个全局性的战略目标，只是单纯地为陆军提供支援。

与此同时，美日在造船工业方面的竞争也达到了高潮。由于日本在工业上处于弱势，他们就把赌注压在速战速决上，并为此制订一些应急计

左图：在太平洋上的一艘美国海军航空母舰的后甲板上，停放着“恶妇”式俯冲轰炸机。

划。早在1931年，日本就计划将一艘大型潜艇补给舰快速改造成航空母舰，1934年，又为另外两艘大型油船制定了航空母舰改建方案。1940—1941年，日本先后改建出“琉凤”号（排水量13 544吨/13 330长吨，舰载机31架）、“翔凤”号和“瑞凤”号（排水量11 443吨/11 262长吨，舰载机30架）。日本还将另外3艘豪华班船改造成航空母舰。因为日本海军有保护商业航运的传统政策，因此这些改建后的舰船首先用作护航航空母舰，但在大部分时间里，它们都用来运送战机和训练飞行员。1942年，两艘27 433吨（27 000长吨）的班轮改造成“飞鹰”号和“隼鹰”号航空母舰，可搭载53架舰载机，因此身价倍增。1939年，日本订购的一艘新型舰队航空母舰装备了装甲飞行甲板，但没有证据表明其设计受到了英国“卓越”级航空母舰的影响，它被命名为“大凤”号，直到1944年才投入现役。1941年，日本订购了两艘“飞龙”级的改进型航空母

下图：“瑞鹤”号被编入南云海军中将麾下的第1航空舰队第5航母中队，参加了偷袭美国海军太平洋舰队基地珍珠港的战斗。在1944年10月25日的莱特湾海战中沉没。

舰，分别命名为“云龙”号和“葛城”号。在中途岛海战之后，日本重新制订了航空母舰采购计划，但截至此时，有关再购买13艘“云龙”级航空母舰的计划已经完全脱离了现实。然而，在所有的改建计划中，最雄心勃勃的计划当属将尚未完工的巨型战列舰“信浓”号改建成航空母舰。根据改建计划，该舰建成后将作为支援航空母舰而非舰队航空母舰使用，旨在为其他航母舰载机提供保养和维修服务，并为其加油和装填弹药。但在实战中，该艘航空母舰专门配备一支小型战机编队用于自卫。

左图：维修人员正在对美国海军“约克城”号航空母舰在中途岛海战中受损的木质飞行甲板进行维修。

日本人尽管在舰船改造方面取得了非凡的成就，但他们始终没有抓住其所面临的主要问题——飞行员严重短缺。在战前，日本飞行学校每年培养的飞行员不足100人。1942年，日本海军蒙受了非常严重的飞行员损失，但即使这样，他们似乎仍然不能加快飞行员的培训速度来缓解供需矛盾。与此相反，在战争爆发后，美国海军位于佛罗里达州彭萨科拉市的飞行训练机构得到了扩充，截至1943年年中，已为军方培养了大约45 000名飞行员。鉴于美国飞行训练机构如此强大的培训能力，英国皇家海军派遣海军航空兵飞行员前往美国学习，以弥补因战时缺乏飞行训练机构所造成的不足。就这样，美英两国海军飞右图：在中途岛海战中，为了规避日军飞机的炸弹攻击，美国海军“约克城”号航空母舰在进行高速机动时被一枚炸弹击中。

行员的数量很快就超过了航空母舰的需求。接下来，两国采取紧急措施来生产大量飞机投入海战。在美国造船厂迅速启动巨大的造船能力的情况下，美国政府同时还在采取措施对其他船只进行改造。1942 年 1 月，美国海军首次命令将一艘轻巡洋舰改造成轻型航空母舰，随后又改造了 10 多艘，它们就是威名赫赫的“独立”级航空母舰。1943 年，该批航空母舰交付美国海军使用，它们虽然在规模上有点小，但其航行速度很快，非常适于舰队支援作战。

当然，除了进行两洋作战之外，美国海军为对付德国人在大西洋所进行的战争，同时还在推进一项护航航空母舰发展计划。1941 年 6 月，美国海军第一艘由标准商用船体改建的航空母舰编入现役，此外，美国人还为英国皇家海军改建了 5 艘同样大小的航空母舰。在珍珠港事件发生后，美国海军立即订购了 25 艘护航航空母舰（其中，美国海军 24 艘，英国皇家海军 1 艘），英国皇家海军最终实际接收的总数量达到了 39 艘。事实证明，这些廉价的航空母舰非常适于进行两栖作战支援以及向远方战区投送战机。在岸基跑道尚未建成之前，护航航空母舰比舰队航空母舰更适于冒险驶入近海，为部队提供近距离空中支援。

美国多次对“埃塞克斯”级航空母舰的设计工作进行简化，但最终只是将船体加长了 3.66 米（12 英尺），这就是所谓的“长船体”型。1942 年 8 月至 1943 年 6 月，美国海军订购了 19 艘该型航

上图：太平洋战争爆发时，"九七"式飞机是当时世界上最先进的舰载鱼雷轰炸机，在接下来的12个月里，该型机分别对美国3艘航空母舰进行了致命打击，支援日本军队的两栖攻击行动。1944年，随着技术的进步，使得该型机退居二线。

空母舰，但在战争末期取消了其中的8艘。1942年8月，美国海军订购了排水量45 722吨（45 000长吨）的"中途岛"号航空母舰（CV.41），该舰是3艘所谓的"战斗航空母舰"中的第一艘，同时也是第一艘配置装甲甲板的航空母舰。它比日本"信浓"号航空母舰略小一点，其姊妹舰分别为"富兰克林·罗斯福"号和"珊瑚海"号。从理论上讲，它们均可搭载137架舰载机，航速33节。1945年，美国海军取消了另外3艘航空母舰的采购计划。

由于原材料极为短缺，再加上敌人对造船厂的空袭，英国皇家海军扩充航空母舰力量的努力一再受阻，结果，"不协"号和"不倦"号航空母舰（排水量27 433吨／27 000长吨）的建造工作进展极为缓慢。在这种情况下，英国海军部只好另辟蹊径——建造"独角兽"号小型支援或维护航空母舰，该艘航空母舰于1938年订购，1941年下水。1940年，海军部又制订了"不协"号航空母舰的改进计划，这一工作直到1942年才开始进行，但这一延误刚好促成了该舰设计方案与战争实践的结合。根据计划，英国皇家海军将建造4艘改进型航空母舰，分别为"大胆"号、"皇家方舟"号、"非洲"号和"鹰"号，每艘排水量

上图：1942 年 9 月，美国海军新的“列克星敦”号航空母舰（CV–16）建成下水，该舰隶属于“埃塞克斯”级，排水量 27 000 吨（26 573 长吨）。

37 391 吨（36 800 长吨）。这些航空母舰经过改进以后，保留了原有的封闭式机库设计，但增加了尺寸，从而在理论上可以搭载 100 架舰载机。英国的航空母舰建造工程进展缓慢，直到战争结束时，仅仅建成了“大胆”号和“皇家方舟”号，其中，“大胆”号后来更名为“鹰”号。

一种新式设计

由于大型航空母舰只有最大的造船厂才能建造，再加上英国海军对新吨位航空母舰的需求日益急切，于是在 1941—1942 年，英国设计了一种轻型舰队航空母舰。事实上并非护航航空母舰，其设计宗旨是与舰队进行协同作战，因此英国人在设计时认真考虑了航空母舰必须具备的所有特点。为了增加航空母舰的尺寸，同时又不至于增加其重量，该型航空母舰没有采用舷侧装甲和甲板装甲的设计，满载速度 23 节。实战表明，航空母舰受损时发生倾斜会导致战机无法起飞和降落，因此需要对航空母舰上的“三明治”式的保护设计进行简化，以便航空母舰在受伤时保持平衡。为了加快建造速度，航空母舰吃水线以下的船体按照劳埃德商船协会标准建造。同时，为了降低遭到水下攻击的风险系数，需要把锅炉舱室和涡轮舱室隔开。另外，该型航空母舰虽然采用了一套标准的巡洋舰涡轮，但锅炉采用了驱逐舰标准，这样有利于航空母舰的快速加速，从而更适合舰

上图：“约克镇”号航母被击中开始下沉时，驱逐舰集中火力，全力救援。

上图：在拖船的帮助下，“企业”号航空母舰（CV–6）进入纽约港。尽管有关保留“大 E”号的努力最终未能奏效，但它却是“约克城”级航空母舰中功勋卓著的传奇军舰。“约克城”级为“埃塞克斯”级航空母舰的发展奠定了基础。

右图：英国皇家海军“独角兽”号航空母舰是唯一一艘飞机修理船，参加了朝鲜战争，而且还时不时地被当作战斗航空母舰使用。

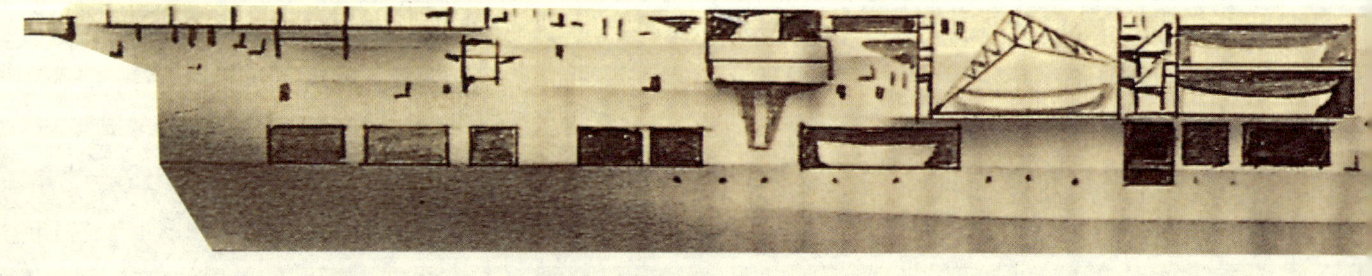

载机进行飞行。

根据以上设计，英国皇家海军最终建成了“巨人”级和“威严”级航空母舰，尽管其排水量刚刚超过 13 209 吨（13 000 长吨），却能够搭载 48 架舰载机，而且安装了一套弹射器。当战争即将结束时，在英国海军所订购的 16 艘该型航空母舰中，只有 3 艘加入现役，但它们在战后的出色表现展示了自己的价值——在以前建造过的所有航空母舰中，它们无疑当属最为经济有效的一种小型航空母舰。为弥补该型航空母舰速度太慢这一主要不足，1943 年，英国又设计了一种改进型中型舰队航空母舰，动力增加了一倍，满载速度增加了 4~5 节，满载排水量 25 401 吨（25 000 长吨），其宽大的船体提高了水下的安全防护系数。

技术参数

“独角兽”号

排水量： 20 624吨（20 300长吨）

舰长： 186米（610英尺）

舰宽： 27.4米（90英尺）

吃水： 7.3米（24英尺）

动力装置： 双螺旋桨涡轮机

航速： 24节

武器系统： 8门10.2厘米（4英寸）口径火炮

人员编制： 1 200人

舰载机： 36架

上图："突击者"号是美国海军大西洋舰队中唯一的一艘大型航空母舰，1942 年 11 月 8 日，它率领特混舰队为在法属摩洛哥登陆的盟军部队提供空中掩护，在持续 3 天的行动中共执行了 496 架次战斗飞行。随后，它在美国本土新英格兰海岸进行巡逻，同时训练飞行员。

上图：“海盗”飞机之所以长盛不衰，原因很可能在于它集中了一流的空战能力、超高的飞行速度、承受战斗损伤的能力和强有力的机翼，所有这些因素成就了这种举世闻名的战斗机。

但是，该型航空母舰的战机搭载能力超不过“巨人”级航空母舰，从而导致其经济有效性低下。最终，英国总共开工建造了 8 艘中型舰队航空母舰，但只有 4 艘于战后建成。

在二战期间，英国人还设计了最后一种具有威力、独特的航空母舰——英国皇家海军“马耳他”级航空母舰，排水量 47 754 吨（47 000 长吨），它是英国唯一一级可与美国“中途岛”级并驾齐驱的航空母舰，其设计风格沿袭美国，飞行甲板上装有防弹装甲，最高航速 33 节，并有着很强大的续航力，足以在太平洋上任意驰骋。但是，由于该型航空母舰保留了封闭式的机库设计，使得舰载机数量只能在 80 架以内。与英国的传统设计相比，虽然该型航空母舰的设计有其独到之处，但多种迹象表明，英国海军部对这种设计并不满意。1945 年，英国取消了该型航空母舰的建造计划。

1943 年，为了满足战争的需要，盟国庞大的飞机工业开足马力进行生产。实战证明，格鲁曼公司生产的“恶妇”式战斗机的性能超过了表现不俗的日本“零”式舰载机。此时，盟国设计人员发现，“海盗”式战斗机在降落时的瞬间弹跳幅度过大，容易跃过跑道拦阻装置，因此“海盗”式获得一个不吉利的名字——“寡妇制造者”。在右图：1943年，“埃塞克斯”号能够搭载美国海军二战时所有类型的舰载战斗机，在舰载机中队开始起飞执行任务之前，飞行甲板上停满了飞机。

右图：美国海军“独立”号轻型舰队航空母舰及其姊妹舰均由轻巡洋舰改建而成。

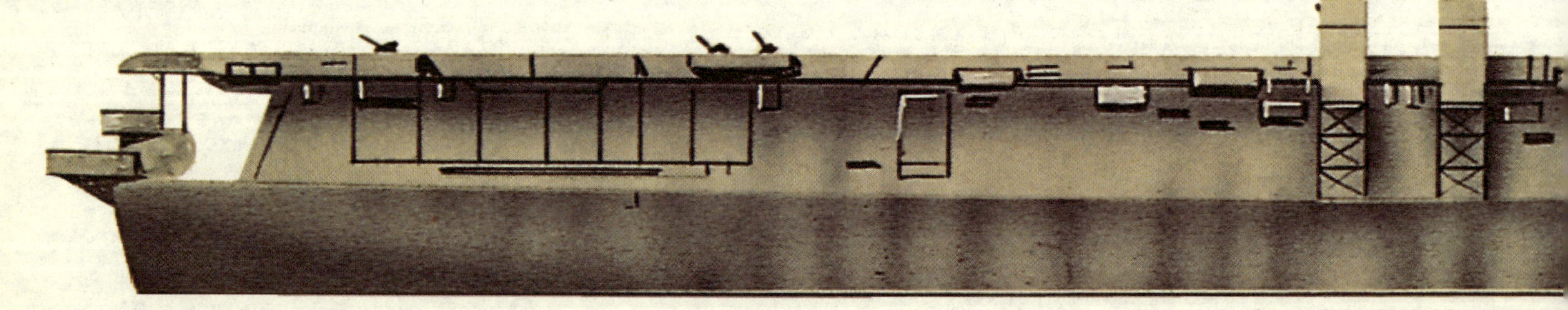

无法改进的绝望中，“海盗”式飞机交付美国海军陆战队使用，但致命的甲板摔机事故仍然接连不断，海军陆战队又将“海盗”式转交给海军航空兵。幸运的是，这一问题随后得到了解决，从“康涅狄格”号航空母舰上起飞的后掠翼战机成为战争中表现最突出的舰载机（尽管其仍然需要技术高超的飞行员进行驾驶）。从 1943 年开始，日本人逐渐失去其引以为荣的优势——即使他们拥有足够的航空母舰和战机，但没有足够的机组人员。此外，美国潜艇的攻击行动使得日本海军的燃油储备愈来愈少，潜艇攻击的首要目标是航空母舰，其次是油船，最后才是其他战舰。

在欧洲，德意轴心国集团在航空母舰建造计划上的运气更糟。尽管所需的战争物资严重短缺，德国仍然筹集大量财力建造 U 型潜艇，这些因素导致了 1940 年“齐柏林伯爵”号航空母舰的停工。更为致命的是，“齐柏林伯爵”号在设计上存在缺陷，德国人又用了两年时间来对其进行改进，随后才于 1942 年开始建造。意大利在两艘远洋班

技术参数

“独立”号

排水量：13 208吨（13 000长吨）

舰长：190米（623英尺）

舰宽：33米（109英尺3英寸）

吃水：7.6米（25英尺11英寸）

动力装置：四螺旋桨涡轮机

航速：31.6节

武器系统：2门12.7厘米（5英寸）口径火炮

人员编制：1 569人

舰载机：45架

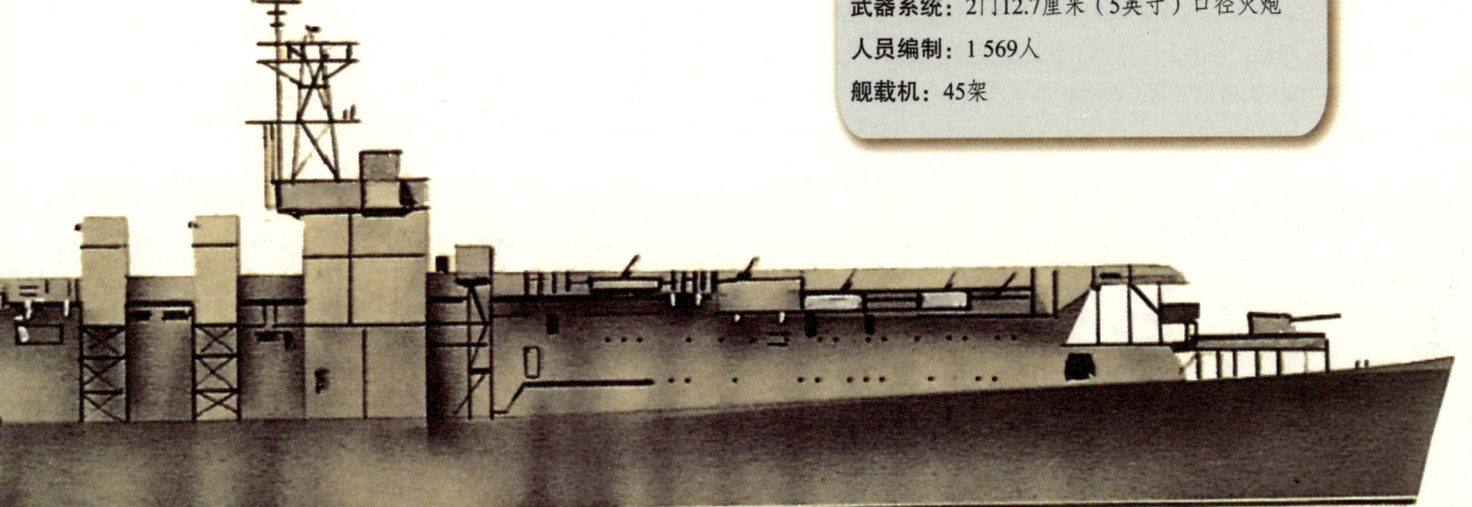

上图：英国皇家海军“卓越”级舰队航空母舰“胜利”号参加了第二次世界大战所有战区的战斗，它和姊妹舰与以往老式航母的最大区别在于安装了装甲机库，这种设计尽管减少了可搭载的飞机数量，但极大地提高了航母的抗杀伤能力。“胜利”号于 1939 年 9 月 14 日下水，1941 年 5 月建成，仅仅数天之后便参加了围歼德国海军“俾斯麦”号战列舰的战斗。1944 年，“胜利”号奉命前往印度洋执行作战任务，多次出动舰载机攻击设在巨港（印度尼西亚苏门答腊岛东南部港市）和沙璜（印度尼西亚西部港市）的日军炼油厂。1945 年 1 月，它进入太平洋海域对日军作战，参加了极为惨烈的冲绳海战。战后，在英国皇家海军继续服役数年之久，1967 年 11 月，“胜利”号在朴次茅斯造船厂进行改装时发生大火。由于受损严重，英国政府在 1969 年决定将其最终拆解。

船的改装上取得了可喜的进展，随着弹射器运抵意大利，这些舰船的改装速度大大加快。1940—1941 年，坎宁安海军上将的航母舰队给意大利海军以沉重打击，意大利人对此感到极度恐慌。实践证明，墨索里尼所谓的意大利本身就是一艘巨型航空母舰的说法是大错特错的。“罗马”号班轮在更换了发动机之后，航速从 21 节提高到 30 节，并更名为“天鹰座”号。就在该舰准备进行海上试航之际，墨索里尼政府垮台了，盟国接受了柏多格里奥元帅的停战请求。紧接着，“天鹰座”号航空母舰落入德国人之手，它不可避免地成为盟军的打击目标，该艘航母在屡屡受伤之后，最终于 1945 年沉入海底。另一艘由班船“奥古斯塔斯”号改装的“法尔科”号护航航空母舰也落入德国人之手，1944 年被盟军击沉。

在北欧海域进行的战事中，美国只有一艘航空母舰参加了有关的海上交锋，它就是“突击者”号航空母舰。1943 年 10 月，“突击者”号参与打击了位挪威北部博德港的德国舰只。1944 年 4 月 3 日，从英国本土舰队“暴怒”号、“胜利”号航空母舰以及 4 艘护航航空母舰上起飞的“梭子鱼”式俯冲轰炸机对“提尔皮茨”号战列舰发动了攻击，该战列舰的坚固性出乎人们的意料，所承受的打击次数竟然多达 14 次。在攻击行动中，由于英国皇家海军坚持认为击沉一艘战列舰无需更大的炸弹，因此只使用了227千克重（500磅）的炸弹。在后来发动的一次进攻中，英国人使用了美国提供的一枚340千克（750磅）重的炸弹，仅仅这一次攻击就几乎把“提尔皮茨”号送入海底。如果允许“梭子鱼”式俯冲轰炸机使用重磅炸弹的话，“提尔皮茨”号很可能早就被击沉了。

在挪威海域，盟国航空母舰部队对德国舰只进行了多次军事打击，参战的舰队航空母舰总吨位达到101 605吨（100 000长吨），整个军事行动都有护航航空母舰为其提供支援。二战即将结束之际，盟国对于战争物资的护航行动延伸到了苏联北部。从1944年2月份起，每次护航运输任务都由护航航空母舰来承担，德国空军因此遭受了巨大损失，而盟国的航母舰载机也让德国U型潜艇付出了惨重代价。在此期间，“剑鱼”式飞机进入全盛时期，其坚固的结构足以使其在最恶劣的气候条件下安全降落到不断摇晃的甲板上，同时还能携带一副搜索雷达和诸如反舰火箭一类的武器。在进行逆风飞行时，这种战机虽然有时很难追上目标，但在搜索德国E型艇（鱼雷快艇）的作战中还是使用了它们。

盟军在太平洋完成防御部署后，于1943年底组建一支快速航空母舰舰队——第50特混编队，指挥官查尔斯·波纳尔海军少将，下辖6艘舰队航空母舰和6艘轻型航空母舰，这是当时世界上最具实力的舰队。该支特混编队下有4个特混大队：

第1特混大队为航空母舰截击大队，由新的“列克星敦”号、新的“约克城”号和轻型航空母舰“考彭斯”号组成；

第2特混大队为北方航空母舰大队，由“企业”号航空母舰与轻型航空母舰“贝洛伍德”号和“蒙特里”号组成；

第3特混大队为南方航空母舰大队，由“埃塞克斯”号、“邦克山”号和两艘“独立”级航空母舰组成；

第4特混大队为救援航空母舰大队，由“萨拉托加”号和“普林斯顿”号轻型航空母舰组成。

1943年11月，波纳尔海军少将指挥航空母舰截击大队对马绍尔群岛上的日军基地发起攻击，阻止其增援塔拉瓦岛和马金岛；海军少将雷德福领导的北方航空母舰大队支援了盟军登陆马金岛的行动；与此同时，蒙哥马利海军少将率领南方航空母舰大队先向腊包尔港发动进攻，然后又向塔拉瓦岛发动进攻；海军少将舍曼指挥的救援航空母舰大队为盟军登陆所罗门群岛提供支援，然后又成功地攻击了腊包尔港。以上这些事例就是战前理论家所预言的航母战：在几百英里之外实施打击、撤退，再次实行打击。

这是一幅有关 1944 年 6 月菲律宾海海战场景的图片，图上的飞机正试图返回航空母舰。

珍珠港事件的翻版

1944年1月初，第50特混编队重组为第58特混编队，马克·米彻尔海军少将担任司令官，他在中途岛海战时担任“大黄蜂”号航空母舰舰长，同时还是美国海军中飞行技术最娴熟的飞行员之一。在月底进攻夸贾林群岛的战斗中，这支经过重组的快速航母舰队一举击落了所有防卫马绍尔群岛的日军战机，并对位于夸贾林岛和那慕尔港的日军部队进行了多次猛烈轰炸。现在该轮到埃尼威托克了，2月17—18日，第58特混编队向日本“太平洋上不破的堡垒”发起了首次攻击，该堡垒是日军在加罗林群岛中部的特鲁克群岛上的一个军事要塞。最近两年以来，特鲁克群岛一直作为日本联合舰队的母港。

事实上，这次攻击行动在某种程度上属珍珠港事件的翻版。尽管有警报甚至雷达预警，但日军方面仅起飞了几架防卫飞机对来袭者进行迎击。在这次攻击中，美国飞机击沉或击伤的日舰总吨位将近203 210吨（200 000长吨）。在激烈的空战中，日本损失了50多架战机，此外，地面上还有100架或更多的战机被摧毁或损伤，而美国仅损失4架“恶妇”式和9架“复仇者”式战机。至此，日本这一基地已经无法使用，其环形防御战略也已经完全破产。日本人唯一感到安慰的是，有6架战机在2月17日夜间躲过雷达的搜索，成功地向“无畏”号航空母舰的尾部投掷了一枚鱼雷。但由于该级航空母舰的结构很坚固，因此，在主舵受损的情况下，仍然能以20节的航速返回马朱罗环礁湖。

英国皇家海军“卓越”号航空母舰抵达锡兰之后，进一步增强了盟军打击日本联合舰队的实力。盟军组建了第70特混编队，下辖英国“卓

上图：这架格鲁曼公司的TBF“复仇者”飞机的机身上涂写着1944年美国海军“伦道夫”号航空母舰部队的标志。机脊炮塔装备的是一挺0.5英寸口径机枪。

上图：“梭鱼”MK Ⅱ型飞机加装了反潜雷达，翼下还挂载深水炸弹。

越”号和美国“萨拉托加”号航空母舰，负责切断日本在东印度群岛的石油和橡胶供给线。4月19日，这支新组建的东方舰队在詹姆斯·萨默维尔海军上将的指挥下，对苏门答腊岛沙璜港的炼油厂发动了猛烈攻击，以此来庆祝自己的成立。但该次军事行动遭遇了相当大的困难，这一情况表明，英国海军航空兵在组织上存在着严重不足，一方面空中力量太薄弱，另一方面战机的作战性能不太完美，战机在机库和飞行甲板上掉头速度缓慢。对于该问题的严重性，英国方面起初认识不清，后来不得不向美国“萨拉托加”号上富有经验的老兵学习。5月份，在“梭鱼”式战斗机被“突击者”式飞机最终取代之后，“卓越”号和“萨拉托加”号航空母舰才有能力对位于爪哇岛泗水港附近的一个炼油厂实行打击。

下图：在1942年的圣克鲁斯群岛海战中，“企业”号航空母舰及其护航战舰所发射的高射炮弹形成了一道密集的防护弹幕。

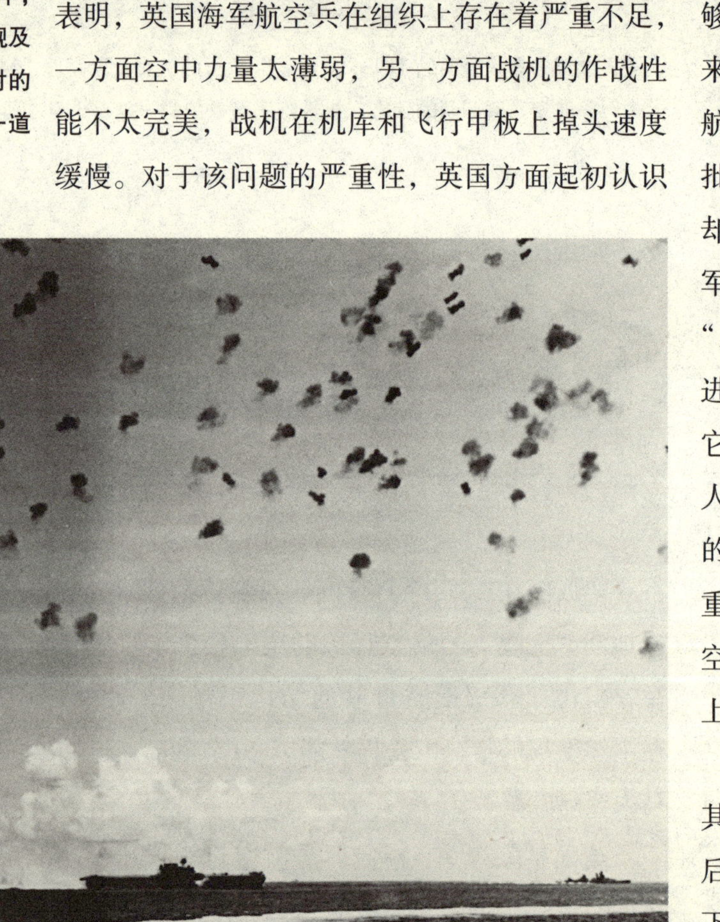

日本海军尽管遭受了这些损失，仍然希望能够依据自身实力进行决战。但是，自从1942年以来，太平洋战场上的形势就发生了逆转，美国的航空母舰在数量上占据了优势，而且还搭载着大批性能优越的战机和技术过硬的飞行员，而日本却在早期的战争中损失了许多优秀飞行员。在美军登陆马里亚纳群岛的塞班岛之后，日本制订了“A号”作战计划，企图在加罗林群岛以西与盟军进行一次决战。塞班岛所处的地理位置非常重要，它是日本新组建的“绝对国防圈”的核心，日本人只有占领该岛才能使自己处于美国陆基轰炸机的航程之外。在“A号”作战计划之中，日本人重点依赖驻关岛、罗塔岛和雅浦群岛上的陆基航空兵，希望他们能够弥补自己在航母舰载机数量上的不足。

3月初，日本联合舰队进行了重组，旨在将其改组成与美国海军特混编队相似的舰队。重组后的第一机动舰队指挥官为小泽治三郎海军中将，下辖3个航空母舰分队：

第1航空母舰分队，由“大凤”号、“祥鹤”号和“瑞鹤”号3艘航空母舰组成；

第2航空母舰分队，由“飞鹰”号、“隼鹰”号航空母舰组成；

第3航空母舰分队，由“千岁”号、“千代田”号和“瑞凤”号3艘航空母舰组成。

当时日本海军的处境究竟有多么窘困呢？以下事实就可以说明：小泽治三郎没有足够的高级燃油供航空母舰进行远距离作战，实际上所使用的是婆罗洲出产的不纯净的挥发性原油。此外，尽管小泽指挥的这支部队是日本规模最大的一支舰队，但现在面临着严重缺少机组人员的困难。第1航母分队航空大队的飞机及人员是临时拼凑而成，其前身是1943年在腊包尔被盟军击溃的一个航空大队，直到1944年2月才上载到航空母舰之上；第2航母分队航空大队也以同样的方式组建而成，其前身是1944年1月在腊包尔战斗中严重受损的一个航空大队；而第3航母分队直到1944年2月初才在形式上组建起来。另外，参加马里亚纳海战的日军部队确实拥有新型的“零”式飞机、D4Y型俯冲轰炸机和B6N型鱼雷轰炸机，但D4Y型俯冲轰炸机无法在慢速轻型航空母舰上进行起降。

日军以上这些航空母舰先是行驶到新加坡进行了一些小修，随后抵达塔威塔威群岛的基地，该群岛位于婆罗洲东北部沿海的苏禄群岛。日本人曾经设想来此地对那些缺乏经验的机组人员进行训练，但事实证明这是完全行不通的，因为美国潜艇在该海域的活动非常频繁，5月22日，日本“千岁”号航空母舰被美军2枚鱼雷击中。由于日军在塔威塔威群岛没有机场，所以这些不幸的机组人员几乎没有机会提高技能。

下图：1943年11月，美军人员正在“蒙特里”号航空母舰甲板上为俯冲轰炸机装填弹药。

上图：在发动机启动后，“复仇者”飞机同“悍妇”飞机（格鲁曼公司制造）一起在“约克城”号航空母舰上等待起飞。“约克城”号的航空兵的显著标志就是当所有飞机集中时机头的绿色毂展览。图中一架TBF“复仇者”飞机在右机翼上还保留着美国国徽。1942年6月，“约克城”号在中途岛海战中被日军击沉。

在这次战役中，角田决治海军中将指挥马里亚纳群岛陆基航空兵负责为小泽治三郎提供支援。因为日本的舰载机没有保护飞行员的防护装甲和自我密封油箱等“奢侈”设备，所以其航程超过美国同类战机达338千米（210英里）。因此在理论上，小泽治三郎的舰队可以待在敌机的航程之外，一旦马里亚纳群岛航空兵的攻击行动牵制住敌人，他的舰队还可以伺机向敌人发动攻击。事实上，小泽的作战意图是：日本的航母舰载机先行飞到关岛进行加油和装填弹药，而后在返航途中袭击美国第58特混编队；此外，他还寄希望于东信风，因为东信风可使日本舰载机在追逐敌人时能收发自如，而美国航母舰载机每次出航和返航则不得不逆风转弯，这一问题在返航时尤其突出。

美国第58特混编队隶属于斯普鲁恩斯海军少将指挥的第5舰队，他的谨慎行事是出了名的。

右图：1944年10月，美国海军“甘比尔湾”号护航航空母舰在萨马岛海战中与日本水面舰艇部队遭遇。

他曾经因为未能在中途岛海战中取得更大胜利而受到批评，但最起码能够避免失败。当时，斯普鲁恩斯把保护占据塞班岛的美军部队作为自己的首要任务，因此他把所辖 4 支特混编队作了适当的部署，以阻止小泽对于塞班岛上美军部队的攻击。其中，他最有成就的一项创举是将战列舰抽出特混编队，然后将其部署到威利斯 · 李海军上将所指挥的战线上。日军战机要想到达美军的航空母舰，首先必须穿越美军密集的防空火力警戒线，而且还要面对美军特混编队的空中巡逻机和每艘战舰的防空火力。

马里亚纳海战

6 月 14 日，日军第 1 机动舰队离开塔威塔威群岛。仅仅一天后，该舰队便被盟军两艘潜艇发现，美军海军第 5 舰队立即拉响警报。日本陆基侦察机早在 6 月 11 日就对美国第 58 特混编队进

技术参数

"甘比尔湾"号

排水量： 11 074吨（10 900长吨）

舰长： 156.1米（512英尺3英寸）

舰宽： 32.9米（108英尺）

吃水： 6.3米（20英尺9英寸）

动力装置： 双螺旋桨，往复式发动机

航速： 19节

武器系统： 1门12.7厘米（5英寸）、16门40毫米（1.6英寸）口径火炮

人员编制： 860人

舰载机： 28架

下图：英国皇家海军“暴怒”号舰队航空母舰。1941年6月，德国入侵苏联。“暴怒”号开始在北极海域进行作战，多次出动舰载机攻击挪威港口的德军设施。1944年，在围歼德国海军“提尔皮茨”号战列舰的战斗中，人们再次见到了“暴怒”号上的舰载机群的矫健身影。

行过侦察，为了先发制人，美军208架战机向日军机场发起了大规模攻击。美军不间断的攻击行动将角田决治攻击第58特混编队的计划打乱了，日军位于硫磺岛和父岛的补给站顿时陷入瘫痪，位于关岛和罗塔岛的补给站也遭到了同样的厄运。更为糟糕的是，小泽根本没有意识到：日本人将面对大批严阵以待、拥有完整建制的航空兵的美军航空母舰。

6月18日晨，小泽命令所属舰只组成战斗队形，他此时并不知道自己的舰队正在走向灭亡。日军先头部队下辖“千代田”号、“千岁”号和“瑞凤”号3艘航空母舰，它们和其余的航空母舰编为2个大队，在主力部队之前161千米（合100英里）处航进。9时许，日军发动了首轮攻击行动，1小时后，美军雷达发现来袭的日军部队，随即采取措施重创日军部队，致使其69架战机损失了32架。紧接着，日军很快起飞110架战机发动了第二波攻击，但这轮攻击也被美军粉碎了。日军损失了79架战机，除了有一枚炸弹在近距离爆炸并击中“黄蜂”号航空母舰之外，该轮攻击

一无所获。就在日军发动第二轮攻击后10分钟，厄运降临在日军头上，美军“大青花鱼”号潜艇发射的一枚鱼雷击中日军旗舰“大凤”号航空母舰，爆炸阻碍了战机起飞，同时还炸裂了燃油管道。从最初6小时来看，航空母舰损害控制队似乎能够挽救这艘航空母舰，但由致命的航空汽油挥发成的气体弥漫了整个航空母舰，为消除这些气体，舰长命令该舰逆风行驶。15时30分，有人按动了一个电泵的启动按钮，产生的火花点燃了航空汽油，接着发生的连锁反应又引爆了挥发性燃油，致使整个航空母舰陷入一片火海。17时28分，“大凤”号航空母舰沉没，舰上1 650名船员丧生。

12时22分，另一艘美国潜艇“棘鳍”号对小泽治三郎的新旗舰——“祥鹤”号航空母舰发射了4条鱼雷，该艘航母很快被大火吞并。小泽治三郎此时仍然相信敌方有几艘航空母舰已被重创或击沉，并期望角田决治海军中将的陆基战斗机能够向第58特混编队发动大规模袭击。在此期间，美日双方舰队曾一度相向而驶，等到斯普鲁

下图：正在某港口停泊的4艘“埃塞克斯”级航空母舰，由近到远依次为：“黄蜂”号（CV—18）、“大黄蜂”号（CV—12）、“汉考克”号（CV—19）和“约克城”号（CV—10）。

上图：1942 年 6 月的美国海军“黄蜂”号航空母舰。尽管该舰规模相对较小，但总是想方设法搭载一支较大规模的舰载机部队。

恩斯发现日本舰队时已是次日下午了，此时美军的舰载机距离日本舰队483千米（300英里），如果发起攻击的话，美军战机至少要到天黑后才能返回，届时有的战机很可能已把燃油耗尽。斯普鲁恩斯对此很清楚，但他还是下达了攻击的命令，冒着极大的风险抓住时机向日军发起了真正意义上的瘫痪性打击。他大胆的决策得到了丰厚的回报，第58特混编队的战机用鱼雷击中了“飞鹰”号航空母舰，并重创“隼鹰”号、“瑞鹤”号和“千代田”号航空母舰，日军共损失大约400架舰

上图：1943年5月，美国海军大西洋反潜部队的“悍妇”战斗机正准备从“约克城”号航空母舰上起飞。事实上，这些飞机并非是该舰所配置的舰载机，而是在该舰上进行训练。在右下方位置是一架隶属于该舰的舰载机。

技术参数

“埃塞克斯”号

排水量： 35 438吨（37 880长吨）
舰长： 265.7米（871英尺9英寸）
舰宽： 29.2米（96英尺）
吃水： 8.3米（27英尺6英寸）
动力装置： 四螺旋桨涡轮机
航速： 32.7节
武器系统： 2门12.7厘米（5英寸）口径火炮
人员编制： 2 687人
舰载机： 91架

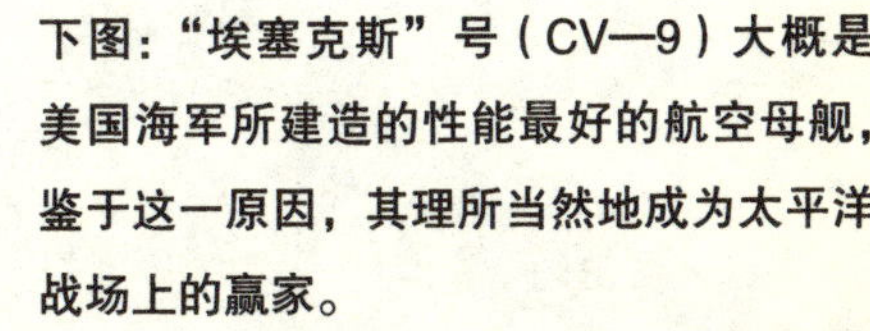

下图：“埃塞克斯”号（CV—9）大概是美国海军所建造的性能最好的航空母舰，鉴于这一原因，其理所当然地成为太平洋战场上的赢家。

载机、100架陆基飞机和许多水上飞机。兴奋的美军士兵把这场战斗戏称为“马里亚纳射火鸡”。经过这场战役，美军彻底击溃了日本海军航空兵。

然而，这场战斗也几乎使第58特混编队航空大队全军覆灭。在执行完毕攻击任务后，美军舰载机三三两两地返回航空母舰，米彻尔海军上将命令航空母舰尽一切可能接近这些战机，但直到晚上22时30分，第1架舰载机才返回航空母舰。为了尽可能地营救机组人员，米彻尔命令将航空母舰的桅杆和甲板上的灯全部打开，此举非常危险，极易引起敌方鱼雷的攻击，却有助于筋疲力竭的飞行员找到航空母舰的位置。在马里亚纳海战中，美军共出动了216架战机，其中损失了100架战机，但令人欣慰的是，绝大多数机组人员获救。在当天的战斗中，美军只有20架战机被日军击落。

下图：美国海军一艘满载舰载机的“埃塞克斯”级航空母舰正在海上航进。该艘航空母舰的左侧凹陷位置是一台舷侧飞机升降机。

4个月后，当日本航空母舰最后一次在战场出现时，它们只能扮演诱饵的角色——为日军水面舰队打击菲律宾莱特湾的美军部队创造条件。美国哈尔西海军少将负责追击小泽治三郎的舰队，于是把保卫莱特湾的任务交给位萨马岛外海的护航航空母舰和驱逐舰。在接下来的大规模战斗中，盟国的轻型航空母舰及护航舰只对日本战列舰和重巡洋舰进行了拦截，同时利用舰载机对敌舰实行诱惑性攻击。在这次战斗中，盟军损失了“甘比尔湾”号护航航空母舰，美军护航航空母舰遭到了日本“神风特攻队”的自杀性攻击，“圣洛”号被击沉，“苏万尼”号受伤。

1945年4月，盟军开始在冲绳岛实施登陆，此举遭到日本空军“神风特攻队”的猛烈报复。然而，已经身处绝境的日本人只不过是拖延时间而已。盟国“企业”号、“无畏”号、“巴丹”号和“邦克山”号均遭到袭击，“邦克山”号甚至一度处于非常危险的境地。英国皇家海军有4艘航空母舰也受到袭击，它们分别是“不协”号、“胜利”号、“卓越”号和“不倦”号，以上4艘航空母舰组成第 57 特混编队，由于事先安装有装甲甲板，才得以免遭重创。随后，一艘名为“可畏”号的救援航空母舰连续遭到两次袭击，但与其他航空母舰一样，它在很短时间里就重新投入了战斗。令人惊奇的是，尽管美英两国的航空母舰均遭到“神风特攻队”自杀性飞机的重创，但没有一艘被击沉。

盟军各军兵种的联合作战最终迫使日本 1945 年 8 月投降（并非仅仅因为美国向日本的广岛和长崎投下核炸弹），但有一点毋庸置疑：盟国的快速航空母舰特混编队在其中发挥了主要作用，这些航空母舰及其上载的技艺高超的航空大队粉碎了日军最初的基地“岛链”，接着又撕裂了后来的内环防线，最终摧毁了日本海军的进攻能力。抚今追昔，从珍珠港事件的发生到日本最终投降，这无疑是一个极其漫长的过程。

左图：尽管美国海军“富兰克林”号航空母舰的大火已被扑灭，但其舰体内却灌进了上千吨的水，该舰在此情况下被拖回基地。

R11

Ⅳ 航空母舰的辉煌

第二次世界大战的战争实践证明，航空母舰已经成为世界所有国家海军的主力战舰。如今，美国海军的大型核动力航空母舰代表了航空母舰设计、发展以及力量投送的最高水平。与此同时，一些小规模的海军应用了可搭载短距/垂直起降飞机和直升机的航空母舰，其价值在诸如马岛战争之类的冲突中得到了检验。

在第二次世界大战期间，虽然从来没有明确的说法，但在战争临近结束时，海战主力舰的桂冠还是从战列舰转移到了航空母舰的头上。尽管战列舰的强大防空火力曾经有力地保护了海军特混舰队的安全，但作为一种武器载体而言，其火炮系统远远不及航空母舰的炸弹和鱼雷那样富于威力。正因为如此，在日本投降后几个月内，有许多战列舰被降级为训练舰或者干脆作为预备役力量封存起来。

尽管这样，在1945年之后的数年之内，人们对于航空母舰的未来仍然进行了一场空前激烈的争论。当时，美国在战争期间对日本投掷原子弹的做法导致了一种狂热的臆测和论断，认为“原子弹”顷刻之间就可将所有的战舰摧毁殆尽。1946年，在比基尼岛进行的第二次原子弹试验中，美国海军老式航空母舰“萨拉托加”号和受伤的轻型航空母舰“独立”号被当作靶船使用。尽管“萨拉托加”号在原子弹爆炸数小时后沉没，但这次试验还是给人们留下了很多的启示。在随后的水下核爆炸试验中，业已退役的“埃塞克斯”级航空母舰“报复”号和严重损坏的“独立”号一道再次作为靶船参加。此外，美国人又对其他一些航空母舰进行了拆解处理，这种做法进一步削弱了美国海军的力量，截至1947年底，美国海军现役航空母舰只剩下20艘，包括3艘“中途岛”级、8艘“埃塞克斯”级、2艘轻型航空母舰和7艘护航航空母舰，唯一一艘在建航空母舰是最后一艘“埃塞克斯”级航空母舰“奥里斯坎尼”

左图：西班牙海军“阿斯图里亚斯亲王”号航空母舰。

号，它曾在建造期间专门停工进行技术改进，最终于1950年交付使用。

除了美国海军之外，唯一拥有强大航空母舰力量的舰队就是英国皇家海军。但到了1945年，英国皇家海军对航空母舰的战时发展计划进行了大幅度削减，这样一来，英国皇家海军的航空母舰力量只剩下3艘“卓越”级（“可畏”号因为战争创伤被拆解）、2艘“不协”级、14艘“巨人”级轻型航母（其中2艘改建成维修航空母舰）以及“独角兽”号航空母舰。另外，还有两艘“鹰”级舰队航空母舰和4艘“竞技神”级中型舰队航空母舰。

下图：美国海军“尼米兹”号航空母舰，舰上的官兵和第11舰载机联队的飞行员们手扶围栏，注视着停泊在前面不远处的“密苏里”号战列舰（BB–63）博物馆。

新型喷气式战斗机

此时，法国海军老式航空母舰“贝恩”号仍在作为飞机运输船使用，此外还从英国皇家海军租借一艘“迪克斯马德”号小型护航航空母舰。1946年，英国将“巨人”号航空母舰移交法国海军，更名为“阿罗芒什”号后继续服役。同时，英国皇家海军还将“庄严”号移交荷兰皇家海军使用，为纪念英国此前赠送的“奈拉纳”号护航航空母舰，荷兰人将其改名为“看门人”号。英国将另一艘轻型航空母舰“勇士”号借给加拿大皇家海军，用来替代两艘二战时期的护航航空母舰。1948年，澳大利亚皇家海军从英国得到了“可怖”号航空母舰，将其更名为“悉尼”号；不久又得到“墨尔本”号（前“威严”号）航空母舰。后来，加拿大又将“勇士”号换成其姊妹舰“华丽”号，随后又购买了升级型航空母舰“强大”号，并更名为“邦纳文彻”号。1950—1953年，美国海军也向法国海军移交了两艘轻型航空母舰——“拉法耶特”号（前“兰利”号）和“博伊斯·贝洛”号（前“贝洛伍德”号）。

在当时，最紧迫的技术问题就是如何从航空母舰上起飞喷气式飞机。1945年，美国海军在“突击者”号航空母舰上进行了FR－1型飞机的降落实验，但未取得任何进展，许多专家因此坚持认为这种做法过于危险。最终，喷气式飞机在航空母舰上第一次成功着陆的荣誉被英国人获取，1945 年 12 月 3 日，“吸血鬼”I 型战斗机在皇家海军“海洋”号航空母舰上成功着陆。仅仅 7 个多月后，一架 XFD — 1 型喷气式飞机从美国海军“富兰克林·罗斯福”号航空母舰上成功起飞。然而，由于早期喷气式飞机存在着调节油门反应迟缓和燃料耗费量极大等诸多缺陷，螺旋桨飞机因此又继续服役了多年。其中，最出色的当属道格拉斯公司生产的 AD — 1 型“空中袭击者”式飞机，它是当时最成功的活塞式攻击机。

早在 1945 年，美国海军就开始讨论利用航母舰载机投掷核炸弹的可能性。非常巧合的是，投掷在长崎的名为“胖子”的原子弹，其重量刚好与美国海军的“野人”式双活塞式舰载轰炸机的有效载荷相同。作为一种临时措施，美国 P2V — 2 型“海王星”式飞机可以临时征用来进行试验，1948 年 4 月，第一架该型飞机从“珊瑚海”号航空母舰上起飞。

接下来，对于有关究竟该发展航空母舰还是发展战略轰炸机的问题，美国空军与美国海军进行了激烈的论战。空军坚持认为，随着在二战中原子弹的应用和部署，美国应该重点发展空军的远程战略轰炸能力，而海军只能执行一些附属性的战术任务。为此，空军派驻在华盛顿的说客提

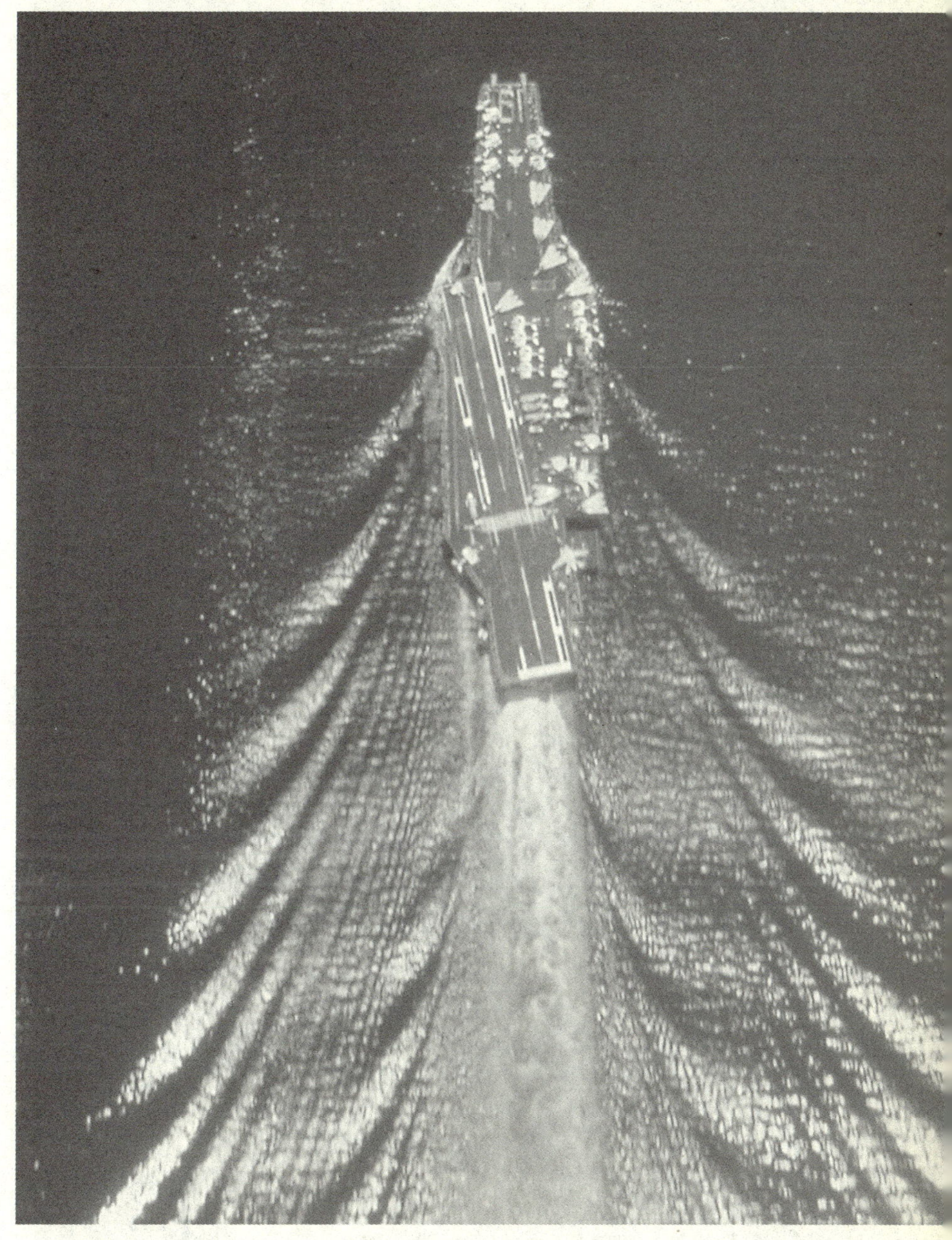

上图：美国海军“突击者”号航空母舰。该舰属于朝鲜战争结束后所建造的“福莱斯特”级超级航空母舰之一。

美国海军“尼米兹”级航空母舰“卡尔·文森”号。

出了以下4方面理由：

1. 海军势必将重复执行空军所独有的“首要”战略轰炸任务。

2. 苏联并非一个海上大国，也不依赖原材料的进口。

3. 美国海军和英国皇家海军已经取得对苏联海军的压倒性优势地位。

4. 航母舰载轰炸机只能对作战半径为1 127千米（700英里）之内的陆上目标进行打击。

技术参数

“福莱斯特”号

排水量：80 516吨（79 248长吨）

舰长：309.4米（1 015英尺）

舰宽：73.2米（37英尺）

吃水：11.3米（37英尺）

动力装置：四螺旋桨涡轮机

航速：33节

武器系统：8门12.7厘米（5英寸）口径火炮

人员编制：水兵2 764人，机组人员1 912人

舰载机：90架

如果以上这些争论不是那么频繁出现的话，它们实在属于一些不值一提的话题，这是因为：首先，第一点是不合乎逻辑的，历史对此已经有了明证，在二战中，正是海军的舰载机对敌人发起了第一次战略攻击；其次，第二和第三点在1949年听起来挺有说服力，但到了20年后的冷战高峰时期，它们却显得非常幼稚和荒谬；至于第四点，它很明显是不诚实的观点，“海王星”式和“野人”式轰炸机曾经往返航行7 725千米（4 800英里）执行轰炸任务，这一点起码可以说明它们拥有一个可达3 862千米（2 400英里）的作战半径。

双方的争论不可避免地集中到执行战略轰炸任务这一中心上来，因为国会议员们和广大纳税人都坚信，下一场战争的胜负将完全由轰炸行动来决定。在当时，尽管战争模式还没有达到洲际弹道导弹所进行的“4分钟决定一切”的地步，

上图：道格拉斯公司的A-1H“空中袭击者”。从1966年7月29日到1967年2月23日，以及从1967年7月26日到1968年4月6日期间，美国海军第25攻击机中队的A-1型飞机曾经两次上载到“珊瑚海”号航空母舰。其中，在后面一次巡航行动中，还有A-1H/J型飞机的加入，该机曾于1965年搭载在“中途岛”号航空母舰上执行任务。装备A-7B型飞机的第25攻击机中队于1969年2月再次奔赴越南战场，A-7B装备的是“空中袭击者”飞机上的典型武器系统，其中包括：127毫米四管“诅尼”火箭吊舱、70毫米火箭吊舱以及113千克的Mk81型通用炸弹，此外还装备了4门20毫米口径航炮。

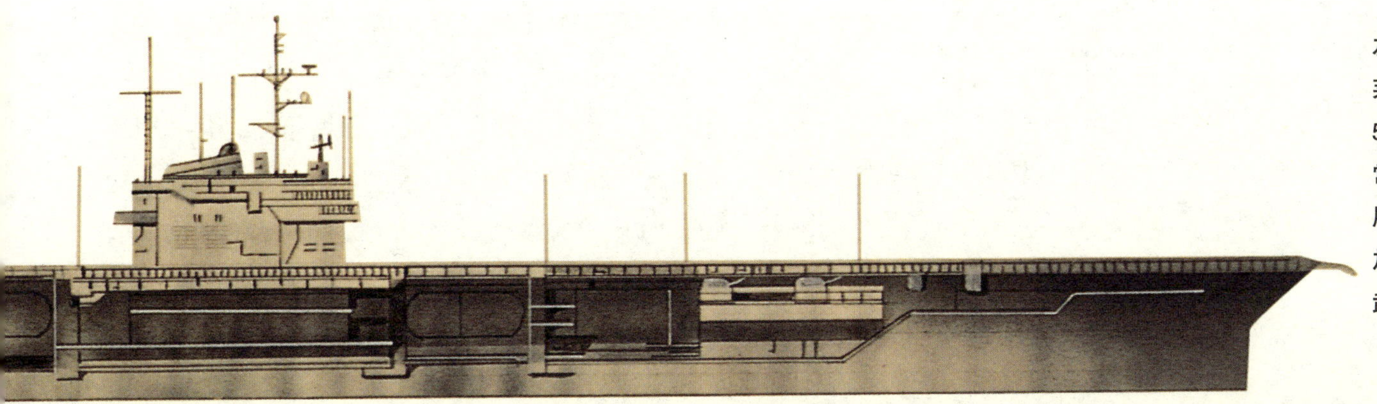

左图：从外观上看，“福莱斯特”号（CVA—59）的最初设计方案非常简洁，但经过数年发展之后，该艘航空母舰加装了天线和其他新型武器系统。

上图：美国海军“小鹰”号航空母舰（CVA—63）。该舰为4艘“福莱斯特”级改进型航空母舰之一，拥有强大的蒸汽动力系统和其他先进系统。

但人们普遍认为，像陆军和海军这样的传统兵力在核打击面前已经毫无前途可言。

在今天（事后）看来，美国海军要求发展一艘新型航空母舰的做法无疑属于明智之举，但将其与执行战略轰炸任务联系起来却是大错特错。后来，美国海军为此付出了巨大代价，而且就在有关“合众国”号的订单刚刚签署之际，这项计划就被迫放弃了。但这一挫折并没有打断美国海军有关改进“埃塞克斯”级航空母舰，从而提高其适应现代化战机的能力的努力。美国海军利用延迟的“奥里斯坎尼”号（CV—34）作为原型舰，对其他22艘航空母舰均进行了现代化改进，使其具备了更为坚固的甲板、更长的飞机弹射器、更有力量的升降机、更充分的燃料以及先进的电子系统。没有进行改进的航空母舰是严重受损的“富兰克林”号和“邦克山”号。

1950年，随着朝鲜战争的爆发，那种有关常规战争已经走到尽头的臆断和空想也戛然而止。突然之间，美国及其盟友们面临着一个非常棘手的难题，该问题绝对不是单纯依靠实施一场核屠杀就可以得到解决。当朝鲜民主主义人民共和国的军队越过三八线向半岛南部开过去的时候，美国海军的航空母舰成为第一批在战区出现的增援力量，这一事实让那些狂热地推崇发展空军的人士尤其感到难堪。朝鲜半岛的特殊地形使得美国空军无法在此迅速地创建机场，因此，航空母舰的支援就变得尤其关键。在接下来的战争中，美国海军、英国皇家海军、加拿大皇家海军和澳大利亚皇家海军的航空母舰一直在该海域值勤，它们不但对陆上作战进行支援，而且还在海上实施了对岸炮击和防止布雷的行动。1950年11月，美国海军“菲律宾海”号航空母舰起飞的F9F型战机首次击落一架米格－15型喷气式战斗机。1952年，英国皇家海军“海洋”号航空母舰起飞的“海怒”式活塞式飞机又击落一架米格－15型战斗机。此外，在美国空军B－29型轰炸机使用制导炸弹仍然无法摧毁花台川水库的情况下，1951年4月底，“普林斯顿”号航空母舰起飞的“空中袭击者”战斗机使用鱼雷摧毁了该水库。

就这样，有关发展大型航空母舰的方案重新摆上了议事日程，同时，由于皇家海军所取得的一些技术突破，使一些技术性问题也随之迎刃而解了。1948年，为了使舰载机在降落时不需要借助起落架或拦阻索，英国皇家海军给“勇士”号航空母舰安装了一个橡胶甲板，尽管这一方案比较可行，但由于它影响了海军舰载机的机动性而被取消。此外，为了解决航空母舰在起降高速重型舰载机方面所面临的困难，根据1951年的一次会议方案，英国皇家海军又发明了斜角飞行甲板技术，通过将甲板以向左舷倾斜10度延伸出去，大大降低了飞机错开拦阻索撞上护栏的危险系数。对于那些首次降落不成功的飞行员而言，可以轻易地飞出去，盘旋一周后再次做降落尝试。这种技术不但确保了飞行员的安全，同时也保障了其他机组人员的安全，并降低了发生甲板火灾的危险。

新型飞机弹射器

1952年2月，英国皇家海军“凯旋”号轻型航空母舰在甲板上标识出一个斜角区域，并将左舷的一些障碍物移开，便于飞行员进行一系列的

上图：1988年，F-14“雄猫”战斗机编队从航行在地中海上的“艾森豪威尔”号的上空掠过。

右图："企业"号核动力航母在北越海岸线外航行，回收返航飞机。舰上搭载着一个 A-4"天袭者"攻击机中队 。

"着陆后连续起飞"飞行试验。与此同时，美国海军"中途岛"号航空母舰也进行了类似的试验。同年 9 月份，美国海军"埃塞克斯"级航空母舰"安提坦"号首先应用该项技术成果进行了改建，将舷侧升降机固定在向上位置，对飞机拦阻索进行了重新布置，并对其 8 度斜角飞行甲板进行了加长。通过 4 000 余次的降落实践证明，该系统对于提高飞机降落的安全系数非常有效。

由于当时的飞机弹射器已经无法起飞最新型的舰载机，因此，接下来的一项主要工作就是加强其所需的弹射力量。英国皇家海军志愿后备队

技术参数

"约翰 ·F.肯尼迪"号

排水量： 81 090吨（79 813长吨）

舰长： 324米（1 063英尺）

舰宽： 77米（252英尺7英寸）

吃水： 10．7米（35英尺）

动力装置： 涡轮机，四轴推进

武器系统： 3座MK—29型发射器，3套20毫米CISWS

人员编制： 4 685人

舰载机： 90架

下图：美国海军"约翰·F. 肯尼迪"号航空母舰（CV—67）与其姊妹舰有着细微的差别，但在各项性能方面基本保持一致。

上图：在 1991 年海湾战争期间，美国海军一艘补给油船正在为“约翰 · F. 肯尼迪”号航空母舰进行海上加油。

的 C.C. 米切尔海军中校发明了一种利用航空母舰锅炉推动的蒸汽活塞式弹射器，这项技术使得航空母舰自一战以来第一次可以在锚泊状态下起飞舰载机。在当时，英国皇家海军“珀尔修斯”号维修航空母舰最先配备了原型蒸汽弹射器，1951 年年底，该艘航母前往美国向同行展示这项先进技术。美国海军在经过 140 次联合试验之后，最终采用了这一新系统，其第一艘安装该系统的航空母舰是“汉考克”号。1955 年，“皇家方舟”号成为英国皇家海军第一艘安装蒸汽弹射器系统的航空母舰。

第三项技术进展是航空母舰的助降镜装置，它仍然来自于英国人的发明创造，主要为飞行员在实施甲板降落的最后阶段提供飞机的高度和状

右图：美国海军“企业”号核动力航空母舰（CVN — 65）。该舰实施了“延长物资使用期计划”，其岛形上层建筑在此期间进行了更换。

态信息。该装置通过取消（航空母舰）着陆信号员以及减少飞行员失误等措施，大大降低了舰载机发生飞行甲板降落事故的几率。只有当飞机在正确的高度和机翼水平状态的情况下，飞行员才能够从助降镜里看到有效的灯光显示，助降镜装置不受舰载机着陆速度是否增大的影响。由于应用了“弗雷斯内尔透镜”，因此该系统也被称为“弗雷斯内尔透镜光学着陆系统”，这项完美实用的技术直到今天仍在广泛应用。

在进入超级航空母舰时代之前，我们有必要提到法国在印度支那进行的一场殖民地战争。尽管这场战争与朝鲜战争相比规模要小很多，但它采用了非常类似的战术。1951 年，为了支援“阿罗芒什”号航空母舰（前英国航空母舰），法国又

左图：美国海军“企业”号航空母舰甲板上停放的 F-14“雄猫”式战斗机。该幅照片很形象地说明：无论航空母舰的舰体有多么大，其所能提供的空间永远无法满足需求。

从美国要来了“兰利”号航空母舰投入战争，并更名为“拉法耶特”号。事实上，战斗从1946年就打响了。二战结束后，法国试图重新占领越南这块老殖民地，但遭到了胡志明领导的越南游击队的竭力抵抗。“贝恩”号匆匆忙忙地向海防市运送了4 000名法军，在接下来的几年内，“迪克斯马德”号小型护航航空母舰也向战区运送人员物资来对付越南人的抵抗。“阿罗芒什”号和“拉法耶特”号航空母舰的舰载机共起飞1 200余架次，向被围困在奠边府要塞的法军部队运送补给。同时，美国海军又向法国移交了第二艘“贝洛伍德”号轻型航空母舰进行支援，然而，当它最终抵达海防市的时候，该要塞已经失陷1个多月了。实际上，这加速了印度支那战争的结束，却使得美国人进一步走向越南战争泥潭之中。

苏伊士运河危机

1951年，随着“鹰”号航空母舰的建成，英国皇家海军的实力得到进一步增强。然而，其姊妹舰“皇家方舟”号由于需要额外安装蒸汽弹射器、斜角飞行甲板以及舷侧升降机，其工期因此延迟了5年时间。由于种种原因，对于二战时期的舰队航空母舰进行现代化改进的计划最终被取

技术参数

“企业”号

排水量： 91 033吨（89 600长吨）

舰长： 335.2米（1 100英尺）

舰宽： 76.8米（252英尺）

吃水： 10.9米（36英尺）

动力装置： 4螺旋桨，涡轮机，8座核反应堆提供蒸汽

航速： 32节

武器系统： 舰对空导弹

人员编制： 3325名水兵，1891名空军人员，71名海军陆战队员

舰载机： 99架

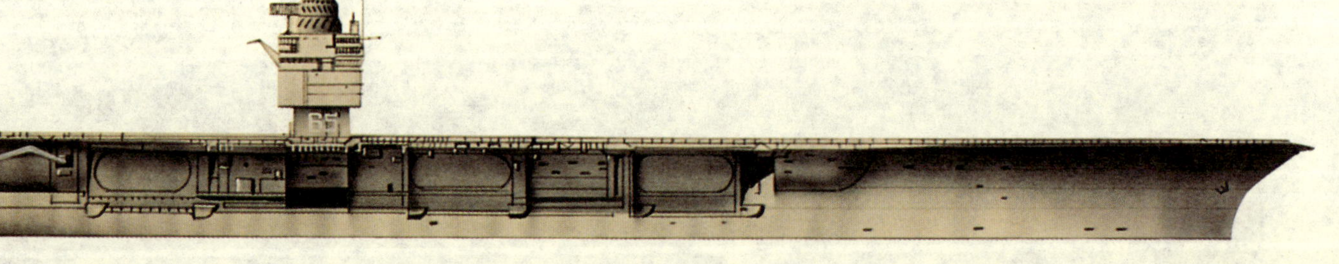

下图：美国海军“企业”号航空母舰岛形上层建筑的上部构造设计独特，外观形体为圆锥形，其表面为平面雷达阵列。

消，“可畏”号严重受损，“卓越”号和“不屈”号已经破旧不堪，“不协”号和“不倦”号的改进费用过高，只有“胜利”号还值得予以保留（其他航空母舰被改建成为训练舰）。除了6艘保留下来的“巨人”级航空母舰之外，1953—1954年，英国皇家海军又建成了“阿尔比昂”号、“布尔沃克”号和“人马座”号，但其姊妹舰“竞技神”号因为技术改进而被延迟。

1956年，埃及宣布将苏伊士运河收归国有，同时还没收了与苏伊士运河相关联的英法两国的资产，这就引发了英法两国旨在推翻纳赛尔的联合军事干涉行动。在这场战争中，抛开发生了哪些错误不提，海军航空兵以令人吃惊的高效率发挥了应有的作用。直到7月份，英国皇家海军还只有“鹰”号一艘航空母舰，但到10月底的时候，通过重新起用教练舰“阿尔比昂”号以及改装“布尔沃克”号，皇家海军有了3艘可以应用的航空母舰。

最初，英国皇家海军曾打算利用“奥申”号

技术参数

“尼米兹”号

排水量：92 950吨（91 487长吨）

舰长：332.9米（1 092英尺2英寸）

舰宽：40.8米（133英尺10英寸）

吃水：11.3米（37英尺）

动力装置：四螺旋桨涡轮机，2座水冷核反应堆

航速：30节

武器系统：4门20毫米“火神”式火炮，3座“麻雀”式防空导弹发射架

人员编制：5 621人

舰载机：90架

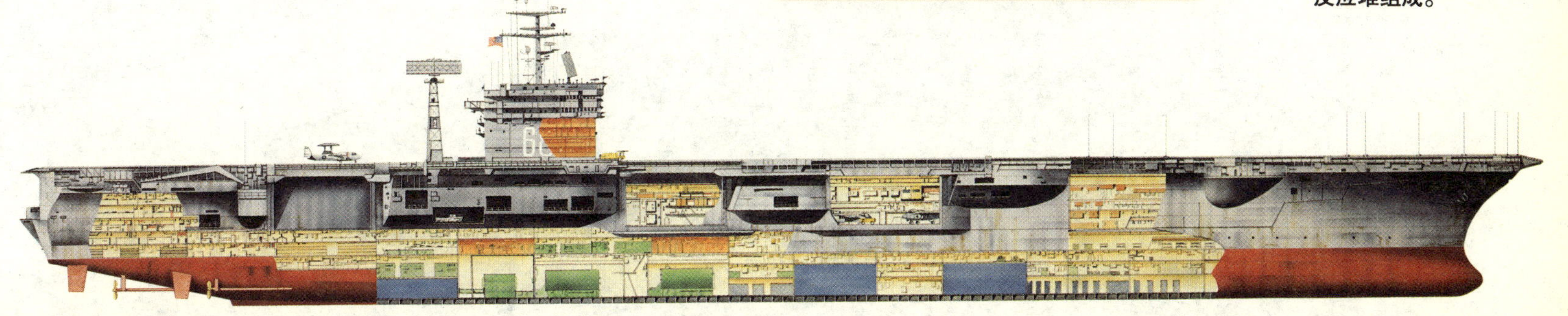

下图：“尼米兹”号的设计方案在很多方面类似于早期的航空母舰，但其动力系统是由两座核反应堆组成。

和“特修斯”号轻型航空母舰向前线运送兵员，该项方案后来被取消，此两艘航空母舰也被改建为直升机母舰。此前，美国海军陆战队曾向英国同行传授了一项利用直升机将部队直接输送上岸的“垂直攻击”技术，但从未进行过实战检验。对于皇家海军陆战队而言，如今要在一种完全陌生的环境下，而且只有两周训练时间的条件下，就要将这种战术投入实战运用，其难度可想而知。

1956年11月1日，英法海军航空母舰“鹰”号、“阿尔比昂”号、“布尔沃克”号、“拉法耶特”号以及“阿罗芒什”号起飞大批舰载机对埃及地面目标发起了第一波打击，尽管埃及空军的米格－15型战斗机在理论上居于优势地位，但英法联军很快便取得了战场上的制空权。11月6日，英法联军最终发起了直升机突击行动，22架“旋风”和“无花果”式直升机将600余名皇家海

右图：最早于1951年定购的“福莱斯特”级航空母舰（图中是该级航空母舰的首舰“福莱斯特”号）主要是为了起降“空中勇士”轰炸机进行建造的，它汲取了中途夭折的“合众国”号航空母舰的经验和教训。“福莱斯特”号在1956年编入现役。

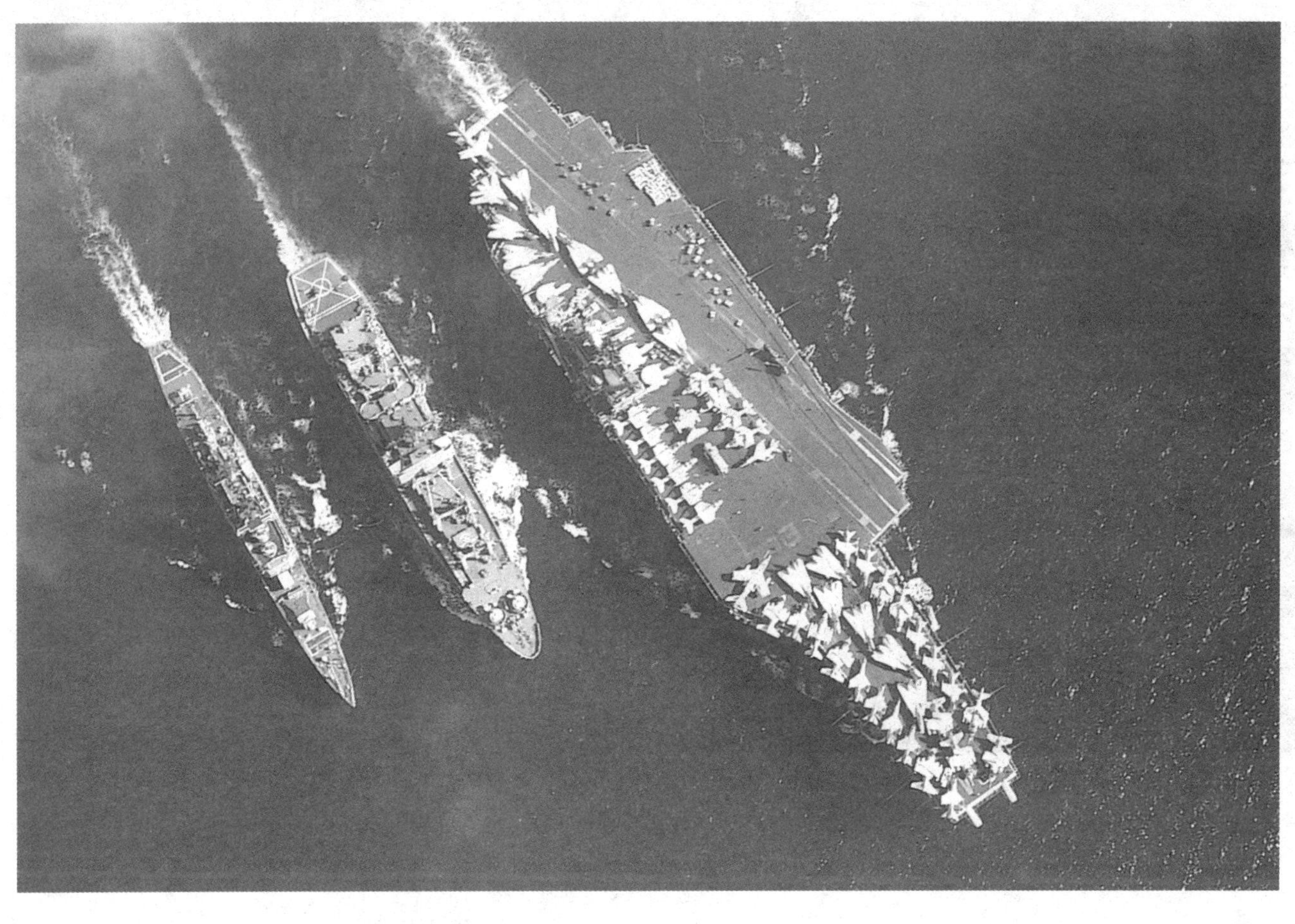

左图：1979 年 1 月，美国海军“小鹰”级航空母舰，旁边是补给船“尼亚加拉瀑布”号和巡洋舰“利希”号。

军陆战队队员迅速输送到岸上。为了充分达到出其不意的袭击效果，英法联军司令部采取了极为谨慎的态度，在最初的一个半小时内，总共向战区空降了 415 名陆战队员和 20.3 吨物资补给。不管苏伊士运河战争最终取得了什么样的作战效果，它向世人展示了航空母舰是应对有限或小规模战争的最具潜力的武器，同时还显示了直升机母舰的发展潜力。

截至此时，那些西方国家才开始放弃原先那种认为核武器是确保世界和平的唯一手段的观念。随着苏联核武器实验的成功，西方国家不得不接受与苏联之间某种程度上的均势地位，他们同时也认识到常规力量仍然具有不可替代的地位。甚至在朝鲜战争仍在进行之际，美国此前有关反

上图：南中国海上，“萨克拉门托”号补给舰为“汉考克”号航母补充油料、物资。

对发展航空母舰的观点就发生了彻底改变，并于1952年铺设了两艘排水量60 693吨（60 000长吨）的航空母舰龙骨，它们分别是“福莱斯特”号（CVA—59）和“萨拉托加”号攻击航空母舰。同时，这种攻击航空母舰的设计理念进一步延伸到所有改进后的“埃塞克斯”级和“中途岛”级航空母舰。

“福莱斯特”级航空母舰

“福莱斯特”级的设计是航空母舰操作技术领域内的一项重大进步，基于此前对“合众国”号所进行的大量研究，该级航空母舰取消了中轴线升降机，代之以4台大型甲板边缘升降机（其中1台位于左舷，3台位于右舷）。此外，尽管该艘航

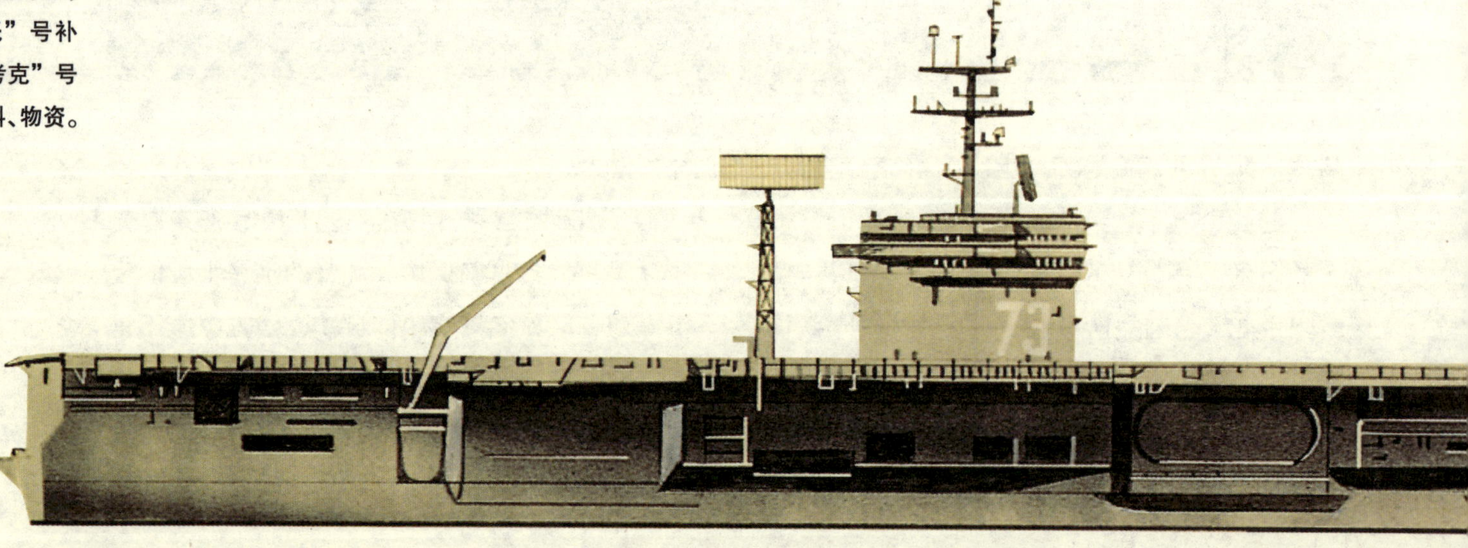

空母舰最初曾计划采用平甲板技术，但最终还是在左舷位置保留了一个小型的岛形上层建筑，除了舰体前端的两台弹射器之外，其斜角飞行甲板的前端又配置了两台弹射器，防御用的舰炮配置在飞行甲板的角落位置。飞行甲板全长317米（1 039英尺），宽77米（252英尺），这一大小尺寸为今后的升级工作预留了充分的空间。由于机库高度达7.62米（25英尺），可以储存及出入大型飞机。通过4台甲板边缘升降机和4台蒸汽飞机弹射器的结合，“福莱斯特”级航空母舰每分钟能够起飞8架飞机。此外，其动力系统燃油比“埃塞克斯”级高出70%，航空燃油的携载量是后者的3倍，载弹量（炸弹及火箭）是后者的1.5倍。

作为第一批设计用来起降喷气式战机的航空母舰，“福莱斯特”级能够起降当时最先进的“女妖”式、“美洲狮”式、“愤怒”式、“弯刀”式以及随后出现的“天光”式、“恶魔”式、“虎”式、“十字军战士”式和“空中之鹰”式飞机。此外，航空母舰的战略轰炸角色仍然放在最为重要的位置上，因此，该级航空母舰用“空中战士”式取代了过时的“野人”式轰炸机。最终，“埃塞克斯”级攻击航空母舰配置两个战斗机中队，其

技术参数

“德怀特·D.艾森豪威尔”号

排水量：92 950吨（91 487长吨）

舰长：332.9米（1 092英尺2英寸）

舰宽：40.8米（133英尺10英寸）

吃水：11.3米（37英尺）

动力装置：四螺旋桨涡轮机，2座水冷核反应堆

航速：30节

武器系统：4门20毫米“火神”式火炮，3座“麻雀”式防空导弹发射架

人员编制：5 621人

舰载机：90架

右图：美国海军“德怀特·D.艾森豪威尔”号航空母舰属于第二艘“尼米兹”级航空母舰。由于其设计方案非常成功，美国海军又订购了6艘稍大型的该级战舰。

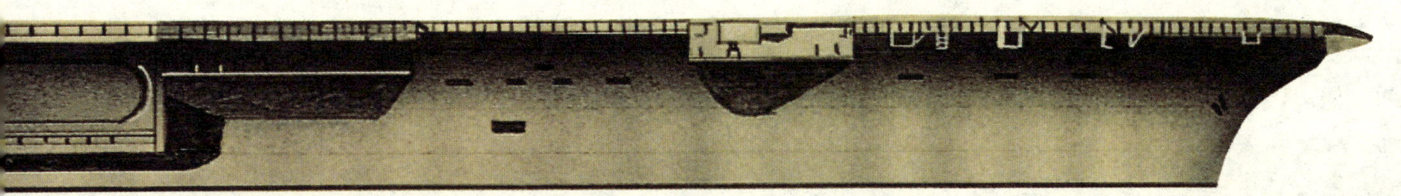

下图：一架 S-3“北欧海盗”飞机准备从“企业”号航空母舰上起飞。“企业”号是美国海军第一艘核动力航空母舰，配置了不少于 8 座的核反应堆。它的另外一个显著特征在于岛形上层建筑及其上面的雷达天线。

中一个使用“恶魔”式或“天光”式战斗机，另外一个使用“十字军战士”式战斗机；此外还配置有 2~3 个攻击机中队，分别装备“愤怒”式、“美洲狮”式和“空中之鹰”式攻击机。与此同时，“中途岛”级和“福莱斯特”级攻击航空母舰均搭载了一支“空中战士”式全天候远程打击中队。在部署到西太平洋和地中海的时候，该中队通常另外配备两架“空中之鹰”（轻型攻击）和两架“空中战士”式飞机，这些飞机携载有核炸弹，从而构成美国战略核威慑的一个组成部分。尤其在对方发展洲际弹道导弹的情况下，保持一支海上核威慑联队对于防范针对美国的突然袭击尤为重要。由于攻击航空母舰在海上的位置难以确定，因此洲际弹道导弹很难命中该目标，相反，某一枚陆基洲际导弹的位置却迟早能被确定下来。

当时，美国海军在役的攻击航空母舰数量保持在 15 艘左右，它还希望再建造 12 艘“福莱斯特”级来取代“埃塞克斯”级。尽管由于周期性

左图：美国海军航空母舰“企业”号（最顶端）和“乔治·华盛顿”号、快速战斗支援舰“供给”号（中间）以及弹药船“贝克山”号（底部）成编队队形航行在西地中海海域。

维护保养等原因，美国海军的航空母舰数量有时下降到14艘，有时又上升到16艘，但始终保持在15艘左右。其中，美国海军为部署在地中海地区的第6舰队配备了2艘攻击航空母舰，在西太平洋地区的第7舰队配备3艘，同时又要求在航空母舰需要维护时，有两艘完成维护的航空母舰能够随时投入战斗。为了跟上这一发展速度，美国海军又订购了第3艘“福莱斯特”级航空母舰——“突击者”号（CVA—61），于1954年开工建造，一年后又开工建造“独立”号（CVA—62）。在它们之后便是一批改进型航空母舰，分别是在1956—1957年开工建造的“小鹰”号（CVA—63）和“星座”号（CVA—64），1961年开工的“美国”号以及1964年开工的更为现代化的“约翰·F.肯下图：美国海军“乔治·华盛顿”号核动力航空母舰。该舰属于第二艘“西奥多·罗斯福”级航空母舰，“罗斯福”级是在“尼米兹”级设计基础上发展而来的改进型航空母舰。

尼迪”号航空母舰（CVA—67）。

核动力

与“福莱斯特”级航空母舰相比，新型攻击航空母舰进行了大幅度的改造。由于甲板边缘升降机制约了斜角飞行甲板前端向前继续延伸，因此决定将航空母舰上层建筑再向船尾部移动，这就使得其中的一台右舷升降机得以向前移动，同时将左舷升降机再向舰船尾部移动，这样一来就腾出了一个大面积的斜角飞行甲板。此外，后甲板的127毫米（5英寸）舰炮也被“海麻雀”式近程导弹系统所替代。而“小鹰”级航空母舰则在舰尾配置了发射“小猎犬”式远程舰对空导弹的双联装导弹发射架。

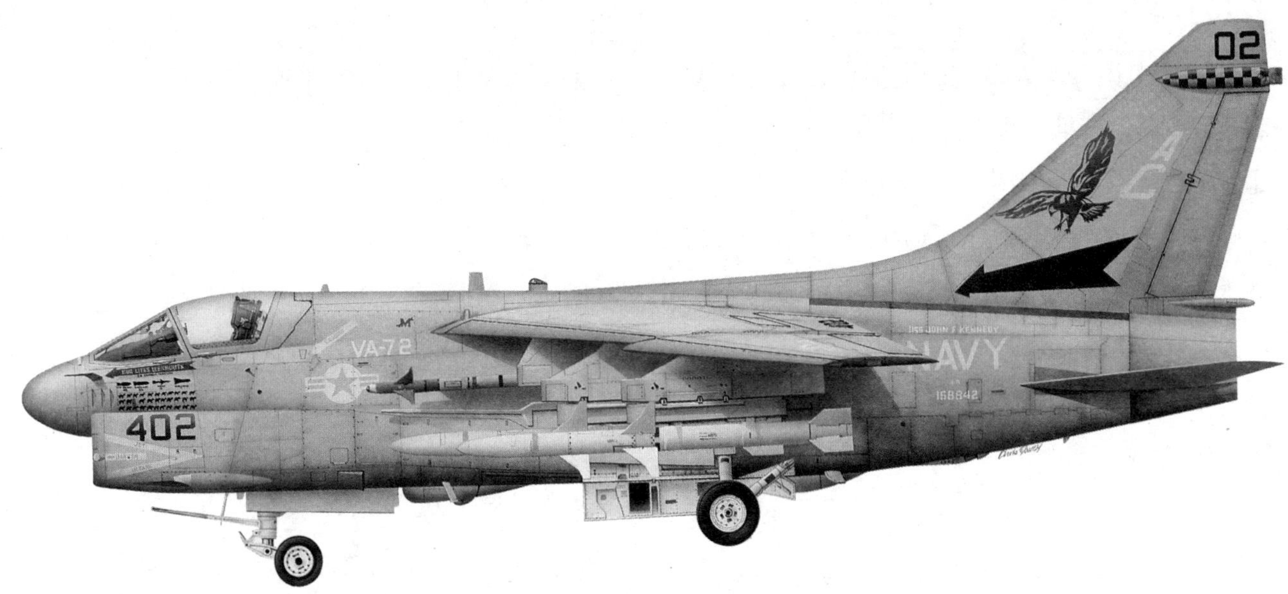

左图：美国海军的“海盗”Ⅱ型攻击机最后一次执行任务是在1991年的海湾战争期间，当时的第46攻击机中队与第72攻击机中队的飞机（如图）一道上载到“肯尼迪”号航空母舰之上。

紧接着，美国海军又作出一项重大决定，开始建造核动力航空母舰以取代原定的4艘蒸汽动力航空母舰。这种新型舰船有着非常明显的优势，包括能够以超过30节的航速实现无限的续航能力，能够为飞机弹射器提供充分的蒸汽动力，以及彻底消除了烟囱所排出的有毒气体。同时，还可以使得岛形上层建筑的布置更适合雷达性能的发挥，以及避免舰载电子设备天线受到腐蚀。美国海军在1958财政年度订购了该艘新型航空母舰，并授予其“企业”号这个光辉的名字。

同年2月，“企业”号航空母舰开始铺设龙骨，最后于1960年9月下水。当它在1961年年底开始服役时，成为有史以来世界上最大的战舰，满载排水量86 720吨（83 350长吨），飞行甲板长342米（1 123英尺）、宽77米（252英尺）。在上

上图：“阵风”M型战斗／攻击机是法国海军21世纪的主力舰载机，主要上载于法国海军“夏尔·戴高乐”号航空母舰之上。

下图："企业"号航空母舰——美国海军年事最高的现役核动力航空母舰正在海湾地区执行任务。

载航空联队的情况下，其人员编制包括军官和士兵在内高达4 600人。推进系统由8座A2 W型核反应堆组成，所产生蒸汽用来推动4套蒸汽涡轮机，可以确保超过30节的持续航速。除了火炮之外，它的外形设计与早期的超级航空母舰颇为相似，但二者最明显的区别之处在于甲板上面结构紧凑的正方形岛，上面配置有平面阵列雷达和固定天线。

"企业"号还是第一艘装备"海军战术数据系统"的航空母舰，该系统属于电脑辅助设备，专门用来对航空母舰自身以及护航战舰和舰载机的雷达数据进行评估和处理。信息可以通过使用数

据链自动传输到其他战舰之上实现信息共享，最终实现整个特混编队的一体化作战能力。然而，“企业”号这艘庞大的航空母舰有一个致命的缺陷，那就是造价出奇的昂贵，高达4.51亿美元，是第一艘“福莱斯特”级航空母舰造价的两倍多。对此，美国国会深感震惊，最终没有在1959和1960财政年度再批准建造另外一艘该级航空母舰。紧接着，又有人开始对发展这种航空母舰是否明智提出质疑，但这一次带头表示反对的并非空军而是美国财政部。此外，在海军内部就该问题也分成两派意见，一些高级官员希望能够拥有一支全核力量的海军，而另外一些人则认为，既然使用核动力要额外花费1亿美元，还不如建设一艘常规的或者老式战舰。

越南战争

在经过一番激烈争论之后，美国国会最终作出妥协，批准在1961财政年度和1963财政年度分别再建两艘“小鹰”级攻击航空母舰。但到了1967年，美国海军改变了这项方案，决定建造“尼米兹”号（CVAN—68）改进型核动力攻击航空母舰。紧接着，美国国会批准在1970和1974财政年度再建造2艘“尼米兹”级攻击航空母舰“艾森豪威尔”号（CVAN—69）和“卡尔·文森”号（CVAN—70）。与这些核动力攻击航空母舰相

上图：“美国”号航空母舰（CVA—66）于1965年1月服役，最初编入美国海军大西洋舰队，1968—1973年曾经3次赴东南亚地区执行战斗部署任务。1975年，该舰经过改进后开始起降F-14型战斗机和S-3型飞机。1980年，“美国”号成为第一艘装备“密集阵”近战武器系统的航空母舰，并于1986年和1991年先后参加了空袭利比亚的战斗以及海湾战争。

上图：美国海军第 124 战斗机中队训练出了许多在越南战场上驾驶“十字军战士”战斗机的飞行员，该中队是最早接收 F8U-2NE 型全天候战斗机的用户。F-8 战斗机的机身和发动机经过不断改进，在越南战争中发挥了巨大作用。

比，曾为美国立下汗马功劳的“埃塞克斯”级航空母舰被迅速地淘汰出局，而“福莱斯特”级航空母舰接下来也将走上一条同样的道路，这其实是一种不言而喻的必然命运。对于那些航空母舰来说，它们要么对美国海军产生至关重要的作用，要么就退出历史舞台，让一种更为有效的战争手段来取代。

技术参数

“基辅”号

排水量：38 608 吨（38 000 长吨）

舰长：273 米（895 英尺 8 英寸）

舰宽：47.2 米（154 英尺 10 英寸）

吃水：8.2 米（27 英尺）

动力装置：四螺旋桨涡轮机

航速：32 节

武器系统：4 门 7.62 厘米（3 英寸）口径火炮，导弹

人员编制：1 700 人

舰载机：36 架

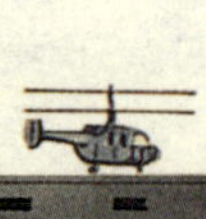

下图：1976 年，苏联海军“基辅”号航空母舰的问世曾使西方国家惊恐不安，但该型航空母舰的发展计划却以失败而告终。截至今天，首批 3 艘该级航空母舰（“基辅”号、“明斯克”号和“新罗西斯克”号）被变卖拆解，第 4 艘“戈尔什科夫海军上将”号出售给印度海军。

就在国会参众两院就航空母舰进行激烈争论的同时，在五角大楼紧闭的大门后面也在进行着同样的争论。有一点事实是清楚的：除了潜艇之外，航空母舰是唯一一种可把战争送到敌人家门口的手段，但与潜艇部队不同的是，一支航空母舰特混编队出现在战区可以对战争起到慑止作用。

然而，几乎就在同时，苏联人却通过在水面舰艇、远程轰炸机和潜艇上部署高效反舰导弹的做法，努力分散和淡化航空母舰的打击能力。对于这种做法，很多美国人开始忧心忡忡起来，他们怀疑在一场同苏联海军之间可能爆发的全面战争之中，美国海军的这些大型航空母舰到底将发挥什么样的作用。

在此期间，美国海军发现自己再次在亚洲卷入了一场战争。在这一次的战争中，为了防止印度支那反法战争的胜利者——胡志明所领导的共产党北越国家对南越的进攻，美国对后者担当起保护神的角色。由于篇幅所限，在这里就不再详

上图：美国海军“企业”号航空母舰上的空中交通管制员正在协助引导执行打击任务的战机进出伊拉克领空。

上图：海军 RH-53D 直升机驻停在“尼米兹”号航母的飞行甲板上，准备参加军事行动。

英国皇家海军“皇家方舟”号航空母舰及其上载的“海鹞”式攻击机和“海王”式直升机。

细介绍越南海域所发生的海战情况，但需要指出的是：美国海军的航空母舰在这次战争中仍然发挥了主要作用。由于这场战争前后历时多年，航空母舰技术在此期间又进行了多项革新。然而，即便是在先进航空母舰云集越南海域的情况下，仍有许多老式航空母舰在战争中有着不凡的表现。当时，“企业”号的飞行甲板上搭载的全是现役的“空中之鹰”式飞机，并没有一架新式喷气式飞机。此外，“福莱斯特”号航空母舰在舰载机重新装填弹药时，有一枚火箭发生爆炸事故，虽然穿透了15层甲板，仍未对其构成多大损坏。另有一些航空母舰在炮火和爆炸中受到损坏，但在经过短期维修之后很快就返回战斗。此外，几乎全部的美国海军航空兵力量都投入了越南战争，执行的任务包括大规模空中打击、反潜巡逻、兵力输送以及两栖攻击等，范围非常广泛。其实，美国海军那些航空母舰倡导者应该感谢胡志明，是他为美国航空母舰提供了充分展现自我风采的机会。

在20世纪60年代，英国皇家海军也陷入了一个类似的困境。当时，皇家海军计划建造使用三轴蒸汽涡轮推进的新型

上图：美国海军“星座”号（前面位置）和“小鹰”号航空母舰在西太平洋海域参加航空母舰联合演习。根据计划，“星座”号于2003年退役，被“罗纳德·里根”号所取代，而“小鹰”号也将于2008年被CVN—77号航空母舰所取代。

上图：苏联海军的垂直/短距降落飞机母舰——排水量44 000吨的“基辅”号，于1976年首次出现在地中海上。

上图：6 架 RH-53D 直升机从“尼米兹”号航母上起飞，前往 1 号沙漠地区与空军会合。

下图：海军第二艘核动力航母“尼米兹”号于 1975 年 5 月 3 日加入现役，设计载机 100 架，是“尼米兹”级航母的首舰。

CVA—01 号攻击航空母舰，排水量 53 851 吨（53 000 长吨），用来取代“鹰”号和“胜利”号老式航空母舰。尽管皇家海军从来没有公布过有关该级新型航空母舰的名字，但我们现在可以得知其将可能是“伊丽莎白女王”号和“爱丁堡公爵”号。但是，英国皇家空军为了保护用于发展 TSR2 型新式超音速轰炸机的资金，竭力诋毁有关发展航空母舰的观念，为此，他们不惜把所有的欺骗性论据都汇集起来，其中就包括有关使用洲际弹道导弹的老掉牙的理论，以此来证明航空母舰在全球任何地方都可以受到打击（只字不提飞机场是否也易受到攻击）。当皇家海军提出该如何保障海军舰队的空中掩护能力时，皇家空军十分肯定地答复，所有的岸基飞机均可以满足海军的这种需求。

直升机母舰

1966 年，英国取消了有关

“CVA—01”号以及未曾宣布的“CVA—02”号攻击航空母舰的建造计划，再加上“胜利”号航空母舰在此前的一次火灾中罹难，这一切对于皇家海军发展航空母舰的努力无疑是一次沉重的打击。在幸存下来的航空母舰中，“皇家方舟”号计划于1972年退役，“半人马座”号也将进行拆解，“阿尔比昂”号和“布尔沃克”号计划改建成搭载直升机的突击队母舰，用于进行两栖攻击作战。至于“竞技神”号航空母舰，尽管它远比早期的姊妹舰装备精良，但由于规模太小而无法搭载一支行之有效的现代化舰载机联队，于是被改建成一艘用于反潜作战的直升机母舰。

美国海军也采取了一项类似的妥协方案。1955—1956年，美国海军陆战队利用由“西提斯湾”号护航航空母舰改建而成的CVAH.1号直升机攻击母舰（即后来的LPH.1号两栖攻击舰）进行了最早的垂直攻击试验，这次试验获得了巨大成功。随后，美国海军又建造了7艘“硫磺岛”（LPH.2）级两栖攻击舰。此外，还对3艘老式“埃塞克斯”级航空母舰进行了改建，分别是“拳师”号（LPH.4）、“普林斯顿”号（LPH.5）和“福吉谷”（LPH.8）号两栖攻击舰。由于直升机特别适合于反潜作战，于是很多“埃塞克斯”级航空母舰被改建成支援航空母舰，上面搭载S－2F“跟踪者”活塞式固定翼飞机和装备有深水声呐的HSS－1型直升机。

与此同时，一些小型海军国家也开始发展直升机母舰。在20世纪50年代，法国海军建造了2艘排水量30 482吨（30 000长吨）的航空母舰“克莱孟梭”号和“福熙”号，同时还建造一艘教

下图：“戴高乐”号的岛形上层建筑位于舰船前部，这种设计是为了保护两台可升降36吨重的飞机升降机的正常运转，使其免受天气条件的影响。

下图："无敌"级航空母舰可以同时搭载固定翼飞机和旋转翼飞机，前者包括各种型号的"鹞"式和"海鹞"式飞机。

练巡洋舰/直升机母舰"圣女贞德"号，它拥有一个传统的船首，岛形上层建筑设置在舰体前部，尾部是飞行甲板。在20世纪20年代，西班牙将一艘商船改建成可以起降旋翼飞机的母舰，之后又从美国海军那里获得"卡伯特"号轻型航空母舰，并将其更名为"迪达罗"号。

从20世纪50年代末期开始，英国人开始研制一种富于革命性的新型飞机——垂直/短距起降飞机，它利用发动机所产生的矢量推力在空中进行盘旋。1960年，该型飞机的原型机P.1127号开始试飞，在经过无数次认真细致的试验之后，一种新型的"鹞"式飞机最终问世。1963年，"鹞"式飞机在"皇家方舟"号航空母舰上进行了一系列的试验。此后，该型飞机又在其他各型舰船——从护卫舰直升机平台一直到"迪达罗"号的木制甲板上——上进行了试验。可以说，在速

度慢、航程近的直升机和航程虽远但缺乏灵活性的航母舰载机之间，垂直／短距起降飞机的出现为二者搭建了一个沟通的桥梁。英国皇家海军要求对这项新技术进行详尽的调查研究。

海上控制舰

在这一阶段，垂直／短距起降飞机的发展面临着一个巨大的障碍，那就是在进行盘旋或垂直起飞的时候，飞机的耗油量特别巨大。甚至直到今天，仍然有一些任务特别适合这种固定翼飞机去执行，尤其是高速截击、远程投送重型装备或弹药等任务。对于美国海军来说，在满足所执行任务的有效航程上，在航母舰载机和相对比较粗糙的垂直／短距起降飞机原型机之间根本没有可比性。为了克服这一弊端，美国海军开始着手设计“海上控制舰”，这是一种比较简单可行的战舰，使用单轴燃气涡轮发动机推进，计划搭载直升机和垂直／短距起降飞机航空联队，主要用来进行护航运输和两栖作战。但是，由于那些海军航空兵的游说者认为海上控制舰将会分散发展大型航空母舰计划的力度，于是在经过忽冷忽热的反复之后，美国海军最终放弃了这一方案。

为了给水面舰队提供某种屏护能力，英国皇家海军只有继续推进直升机母舰的建造计划，除此之外别无选择。在当时，尽管“鹞”式飞机仍在进行一些海上项目的试验，但这种特别适于海上作战的垂直／短距起降飞机却没有获得一分钱的发展基金。事实上，截至当时，有关固定翼飞机航空母舰的发展计划已经寿终正寝了。此外，甚至连那个最基本的飞机名称术语也在发生变化，“垂直／短距起降”这一术语很容易令人误解，这是因为“鹞”式飞机如果采用“带滑跑的垂直起飞”模式，它的工作效率将会更加高效，这样一来，它实际上只能算是一种“短距起飞／垂直降

上图：“加里波第”号航空母舰的防御系统相当强大，装备8座“特瑟奥”Mk 2型反舰导弹发射器和2座八联装“信天翁”导弹发射器，后者可发射48枚“蝮蛇”防空导弹。

落”飞机。但与此同时，“鹞”式飞机仍然保留了垂直起飞功能以备应急之需，不过这种垂直起飞模式将会耗费大量油料（燃耗高）。然而，当它们返回母舰进行降落时，在燃料耗完的情况下，即便采用“软”垂直着陆模式也无伤大雅。

在20世纪70年代，随着美苏冷战的主要模式日益发展成为无数的小规模危机和对抗，英国皇家海军仅存的“皇家方舟”号航空母舰开始变得日益重要，鉴于这种原因，其服役期限不得不延长到1972年之后。在这种形势下，几乎所有人都认为急需建造一艘新型舰船对其进行替换，只有英国政府例外，甚至当一种新型的直升机母舰设计方案已经出台之后，由于英国国内不利的政治气氛，其居然不能表述为“直升机母舰”，而不得不隐晦地表述为“全通甲板巡洋舰”。当这艘新型战舰（即后来的“常胜”号航空母舰）的详细设计方案最终公布之后，人们得知这艘战舰拥有一个全通甲板和右舷岛形上层建筑。另外，由于采用了4台燃气轮机驱动双轴推进技术，这使得其成为世界上最大的燃气轮驱动战舰。

当“常胜”号于1977年5月下水之际，当局仍然只限于将其作为直升机母舰使用。但不久

上图：意大利海军舰队的旗舰——“加里波第”号航空母舰及其舰载机联队，是地中海上一支相当强大的海军力量。在起降常规航空联队作战飞机的同时，“加里波第”号还可以履行突击型航空母舰的角色，起降陆军的CH-47C型、AB205型和A129型直升机。

上图：西班牙海军“阿斯图里亚斯王子”号航空母舰的机库位于舰艉，与两台飞机升降机之中的一台相连接。请注意，该艘航空母舰两侧和尾部是4套“梅洛卡”近战武器系统，每套系统拥有12管20毫米口径火炮。

上图：由于缺乏弹射器和降落拦阻装置，“基辅”级航空母舰与美国海军的超级航空母舰相比，在航空作战能力方面明显逊色很多。

上图：“基辅”级航空母舰属于航空母舰和巡洋舰的杂交产物，携带着威力强大的导弹系统，能够攻击潜艇、水面舰艇和空中目标。

之后，英国皇家海军就订购了第一架“海鹞”式飞机，同时，还特意考虑到了该型飞机的大小尺寸等因素，以供进行升降机和机库的设计之用。1976年10月，美国海军订购了第二艘航空母舰——“卓越”号。1978年12月，当“皇家方舟”号退役之后，为了保留这个名字，英国皇家海军将“不屈”号航空母舰更名为“皇家方舟”号。

与此同时，苏联海军最终决定拓展其海军航空兵力量。1968—1969年，“列宁格勒”号和“莫斯科”号直升机母舰编入现役，但其性能及表现并不突出。1976年，苏联第一艘大型航空母舰“基辅”号问世，配置全通斜角飞行甲板，并装备了大批反舰导弹，紧接着，另外3艘排水量40 642吨（40 000长吨）的姊妹舰“明斯克”号、

左图：“阿斯图里亚斯王子”号航空母舰拥有一条全通式飞行甲板，在舰艏还配置了一台滑跃式跳板，专门用来起飞战斗载荷重的“鹞”II型战斗机。

上图：印度海军“维拉特”号航空母舰安装一条 12 度倾角的滑跃式飞行甲板，在弹药舱和轮机舱上方安装有防护装甲，能够起降 30 架“海鹞”式战斗机。

“新罗西斯克”号以及更加现代化的“戈尔什科夫海军上将”号随之出现，此举使得西方国家为之胆战心惊。20 世纪 80 年代，有迹象表明，苏联在黑海的尼古拉耶夫海军造船厂建造排水量 66 043 吨（65 000 长吨）的“库兹涅佐夫海军元帅”号航空母舰。接踵而来的更具威慑性的消息则是：苏联海军将建造排水量 71 124 吨（70 000 长吨）的“乌里扬诺夫斯克”号核动力航空母舰。

此前，有人曾以这样一个理由来反对发展航空母舰，那就是：既然苏联海军并不拥有任何航空母舰，那西方国家还有什么必要来发展这种手段呢？如今，有了充分的证据表明苏联具有发展航空母舰的意图，那些批评航空母舰的人都哑口无言了，华盛顿又开始重新青睐起大型航空母舰来。1981 年，美国开始建造 6 艘改进型“尼米兹”级核动力航空母舰。同时，作为“延长物资使用期计划”的一个组成部分，美国海军开始对“企业”号常规动力航空母舰进行现代化改进。1999 年，所有 6 艘核动力航空母舰均在服役，发展 CVN—77 的基金也得到了批准，有关下一代航空母舰 CVNX 也开始在规划之中。尽管“延长物资使用期计划”为航空母舰的换代计划赢得了宝贵的时间，但仍然有大批常规动力航空母舰达到其服役寿命的极限。

上图：“约翰·F.肯尼迪”号航母准备穿过苏伊士运河，参加“沙漠风暴”行动，其后是“密西西比”号导弹巡洋舰。

上图：与“基辅”级航空母舰相比，“库兹涅佐夫”级不仅威力强大，造价更为惊人。

右图：就飞行甲板的面积而言，“库兹涅佐夫”号与美国海军的超级航空母舰相比几乎不相上下，但它搭载的舰载机联队的规模却小了许多。

海湾战争

人们或许认为，面对航空母舰所取得的这些发展和成就，美国空军或许能够停止对于航空母舰这种武器的诋毁和中伤，但事实并非如此。在20世纪80年代，由于美国海军在其飞机采购项目管理上的疏漏，使得美国国防部大为光火，下令停止发展代价高昂的A—12型隐形舰载机的计划。在这种情况下，美国海军被迫筹集资金对F/A—18“大黄蜂”式战斗攻击机进行大幅度的升级改进，该项发展计划在1998年底初见成效，其原型机开始进行试飞。截至当时，美国海军在该项目上已经花费了70亿美元之多，但未能有一架该型飞机编入舰队服役。

1990年8月，当萨达姆·侯塞因的军队侵入科威特之后，美国海军的航空母舰一如既往地最先抵达现场。除此之外，还有充分的证据可以证明，这些航空母舰在当时还是唯一能够阻止伊拉克进一步侵入沙特阿拉伯的手段。萨达姆做梦也没有想到，美国政府会抓紧一切时间组织起一个强大的多国联盟，并得到联合国的授权将伊拉克驱逐出科威特。在1991年初的海湾战争中，在多国部队对伊拉克所进行的空袭行动中，由航空母舰发起的打击行动占到35%，但这一统计数字遭到了美国空军设在华盛顿的宣传机器的恶意贬低。在伊拉克军队（向地面部队）投降之后，美国空军的宣传机器将矛头转向了海军。在海湾战争中，从表面上看来，美国海军的航母舰载机只能够确保自身上空的战斗空中巡逻，但在对付伊朗空军以及战争爆发前夕飞到伊朗避难的伊拉克空军的袭击问题上，航母战斗群发挥了至关重要的作用，但美国空军故意忽略了这一事实。

1991年爆出的“机尾钩”丑闻使得美国海军

上图：“竞技神”号航空母舰于1944—1953年在英国本土的造船厂建造，1959年编入英国皇家海军服役。1982年，“竞技神”号参加了举世瞩目的马尔维纳斯群岛（福克兰群岛）战争，并在其中发挥了重要作用。战争结束4年后，“竞技神”号被卖给了印度，经过改装后于1987年5月编入印度海军服役，更名为“维拉特”号。

遭到又一次更为沉重的打击，其实严格地讲，这一事件在军事意义上与海军航空兵自身毫无瓜葛，但使其面临着空前的荣誉危机。“机尾钩协会”原本为海军航空兵、机组人员、高级军官甚至飞机制造商之间创造一个进行相互交流的机会，但长期以来，该协会在娱乐表演方面的发展远远超过了所有的严肃话题的讨论。1991 年的“机尾钩协会”年度聚会在拉斯维加斯举行，美国海军作战部长和海军航空兵司令也参加了这次会议，计划同与会人员进行交流。但接下来，这次聚会逐渐失去了控制，发生了几起性骚扰事件，其中包括一些女飞行员被其男性同行非礼的案例。这一事件被媒体曝光之后，美国海军对涉案人员进行了严厉的纪律处分，海军作战部长和海军航空兵司令被迫辞职。如今，数年光阴转瞬已逝，但 1991 年仍然是美国海军航空兵的心头之痛。

与此同时，强大的苏联帝国解体了，苏联海军挑战美国海军的海上霸主地位的勃勃雄心也随之而去。1993 年，首批 3 艘“基辅”级航空母舰被卖到他国拆解，最后一艘“戈尔什科夫海军上将”号移交给印度海军。目前“库兹涅佐夫海军元帅”号航空母舰仍在北方舰队服役，并继续承担着一系列的试验任务，其姊妹舰“瓦良格”号始终未能建成，乌克兰共和国政府一直试图为这一庞大的船体寻找买主。“乌里扬诺夫斯克”号核动力航空母舰也成为俄罗斯和乌克兰之间分裂的牺牲品，该舰于 1991 年停止建造，其船体随后在船台上被拆解。

“常胜”级航空母舰

20 世纪 80 年代，对于所剩无几的战斗力极其有限的“常胜”级航空母舰，英国人继续不依不饶地进行诘难。1981 年，澳大利亚皇家海军计划对其老旧的“墨尔本”号航空母舰进行替换，

下图：英国皇家海军“海鹞”FA.Mk2 战斗攻击机停在航空母舰的甲板上。

上图：在 1991 年海湾战争期间，美国海军“硫磺岛”号两栖攻击舰被用做水雷对抗支援舰。

上图：意大利海军排水量 12 000 吨(11 810 长吨)的“朱塞佩·加里波第”号短距／垂直起降飞机兼直升机母舰正在建造中。

上图：美国海军“塔拉瓦”级两栖攻击舰能够搭载多达 22 架的 AB-8B “鹞”式攻击机。

上图：1990 年 11 月 4 日波斯湾上的“沙漠盾牌”行动中，第 74 攻击机中队的 F/A-18C “大黄蜂”攻击战斗机从“萨拉托加”号航母上起飞。

上图：“沙漠风暴”行动中，“萨拉托加”号航母上的第 35 攻击机中队的机务人员向 3 架 A-6E“入侵者”攻击机上安装“岩眼 II”集束导弹。

上图：1993 年 12 月，一架第 32 反潜战中队的 S-3 “北欧海盗” 反潜机准备从 “美国” 号航母上起飞执行任务，甲板一侧为 3 架 F-14 “雄猫” 战斗机和 1 架 F/A-18 “大黄蜂” 攻击战斗机。

英国国防部在获悉该消息后，立即迫不及待地许诺将“常胜”号卖给对方，在当时，双方甚至为“常胜”号取好了新名字——“澳大利亚”号。然而，1982 年 4 月，当阿根廷军队侵入福克兰群岛的消息传到英国本土，举国上下舆论哗然。英国皇家海军立即以“竞技神”号航空母舰为核心组织了一支强大的特混编队，在“常胜”号的协同下开赴南大西洋，以上两艘航空母舰上载了所有能够投入战斗的“海鹞”式战机。在接下来的战斗中，“海鹞”式战机表现得非常出色，其下挂的 AIM－9L 型“响尾蛇”式导弹给对手造成致命性打击。英国皇家海军的舰载机部队应该感谢加西里将军（阿根廷军队指挥官）的及时帮忙，如今，再也听不到有关卖掉“常胜”号的声音了，相反，英国人加快了其姊妹舰“卓越”号的建造步伐，以便在 1982 年 6 月的战争最后阶段对“常胜”号进行轮换。在当时，为了使“卓越”号尽快完工，不得不挪用了“皇家方舟”号的一些装备，使得后者的建造工作被迫延迟。3 年后，当“皇家方舟”号再次问世之际，已经发展成一艘非常先进的现代化航空母舰。此后，“常胜”号和“卓越”号航空母舰均进行了现代化升级。1998 年，“卓越”号拆除了其原有的双联装“海上标枪”式导弹发射架和弹仓，从而为皇家空军的 GR.7 型“鹞”式对地攻击机在甲板上进行起降挪出空间。随后，其姊妹舰也进行了同样的改造工作。

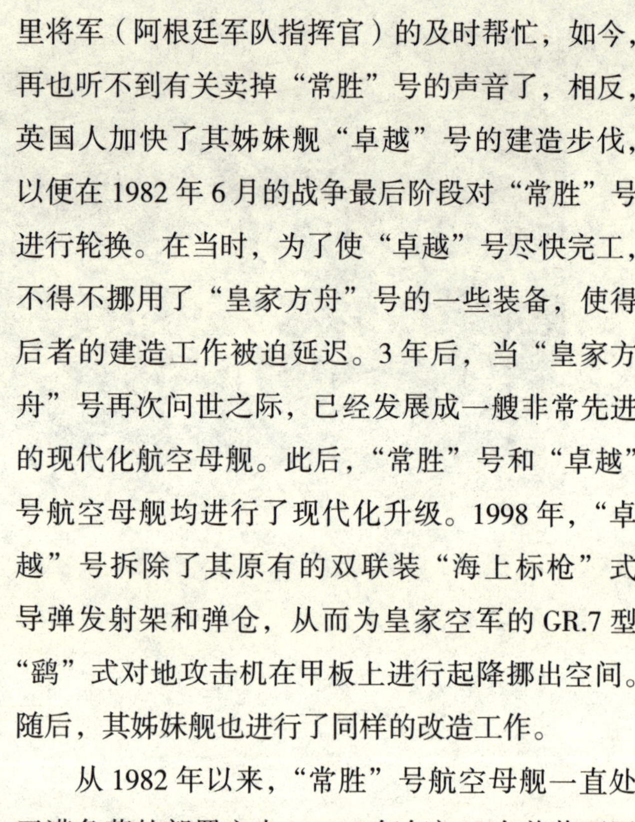

下图：1982 年 5 月，西班牙海军“阿斯图里亚斯亲王”号航空母舰建成下水，此举使得西班牙重新返回世界航空母舰发展行列之中。

从 1982 年以来，“常胜”号航空母舰一直处于满负荷的部署之中。1998 年年初，在美英两国同萨达姆·侯塞因的对峙中，“常胜”号也卷入其中随时待命，其上载的 FRS.1 型“海鹞”式战机被更新为 F / A.2 型升级型战机，配备了“蓝雌狐”式雷达系统，取代了此前的“蓝狐”雷达系统，用 AIM－120“阿姆拉姆”式空空导弹替换了 AIM－9L“响尾蛇”式导弹。随着英国皇家海军购买更多的“海鹞”式战机，“常胜”号的航空大队的规模越来越大，已经从最初的 5 架增加到

15 架，在上次的海湾危机中，它甚至一度起降 24 架飞机，其中包括“海王”式直升机。在可以预见的未来，该艘航空母舰还将上载来自皇家空军的 6 架 GR.7 型“鹞”式直升机。

最近，有关替换“常胜”级航空母舰的方案已经成熟。1998 年 7 月，即将开始执政的工党政府提交了一项《战略防御审查报告》，宣布英国将在下个世纪再建两艘航空母舰。尽管新型航空母舰的设计方案仍然在改进之中，但有一点不容置疑，那就是其排水量将高达 50 802 吨（50 000 长吨），将采用“综合全电力推进系统”，该系统由燃气涡轮驱动涡轮发电机，属于单一能量发生系统，其优点在于没有了嘈杂的变速箱和沉重的回动装置。人们期望未来的航空母舰能够起降联合攻击战斗机的短距/垂直起降变型机版本，或者“欧洲战斗机”的海军版本。对此，英国皇家海军不太赞成，因为他们不愿意看到航空母舰的规模因为额外增加的弹射器和拦阻索而扩大。

与此同时，英国皇家海军还规划为海军陆战队装备 1 艘先进的两栖航空母舰，替换严重过时的“阿尔比昂”号和“布尔沃克”号。尽管从理论上讲，“常胜”级能够搭载 600 多名海军陆战队突击队员，但这一点在实际中很难做到。这是因为此举意味着不但要将一支航空大队全部投送到岸上，上面乘坐的陆战队员也将饱受拥挤和不舒适之苦，因为这些航空母舰并没有能力为另外 600 人提供所需的饮食和盥洗服务。1992 年，皇家海军订购了一艘新的两栖攻击舰，于 1998 年服役，命名为“海洋”号。该舰采用了“常胜”号的舰体形状，用柴油机替换了燃气涡轮机（产生 17 节航速），并在舰体建造时引入了商业标准，这项组合极其物美价廉。

由于短距/垂直起降飞机的出现和发展，世界上一些小型海军开始重新返回航空母舰发展领域。西班牙海军从美国海军那里购买了曾经胎死腹中的“海上控制舰”设计方案，并于 1988 年开始将“阿斯图里亚斯亲王”号航空母舰投入现役，排水量 16 968 吨（16 700 长吨），最初上载美国海军陆战队“鹞”式攻击机的改进型版本——AV－8A 型“斗牛士”式，如今换装为 AV－8B 型攻击机。此外，ENB 公司为泰国皇家海军生产了“查克里·纳吕贝特”号航空母舰，动力系统采用双轴推进柴油机系统，取代了单轴推进的燃气轮机系统。

意大利海军遭遇了与英国皇家海军类似的问题。20 世纪 20 年代早期，根据墨索里尼颁布的一项法案规定，所有航空事务均由意大利空军承担。但与英国人不同的是，在墨索里尼及其法西斯政权被铲除 40 年之后，意大利空军仍然执行该法案，并被其引经据典地用来压制海军购买任何的短距/垂直起降飞机的努力。1985年，意大利海军排水量13 209吨（13 000长吨）的支援航空母舰“朱塞佩·加里波第”号投入现役，但又花费了7年时间才废止了墨索里尼的法案，最终获准从美国购买“鹞”式舰载机。

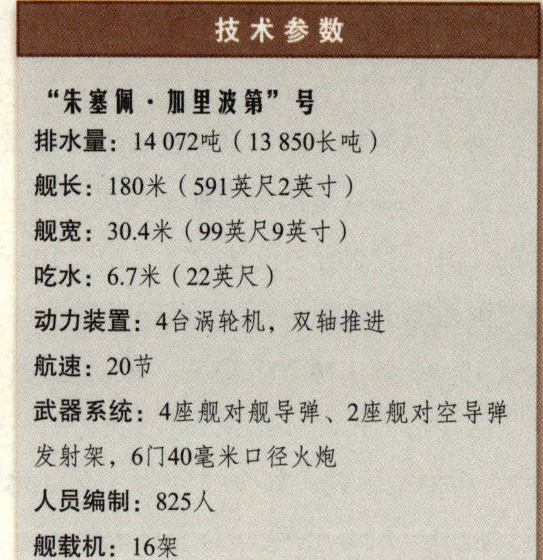

技术参数

“朱塞佩·加里波第”号

排水量： 14 072吨（13 850长吨）

舰长： 180米（591英尺2英寸）

舰宽： 30.4米（99英尺9英寸）

吃水： 6.7米（22英尺）

动力装置： 4台涡轮机，双轴推进

航速： 20节

武器系统： 4座舰对舰导弹、2座舰对空导弹发射架，6门40毫米口径火炮

人员编制： 825人

舰载机： 16架

印度海军也走上了发展短距/垂直起降飞机的道路，为其老式的“维克兰特”号航空母舰和“维拉特”号（前英国“竞技神”号）装备了“海鹞”式飞机。此外，印度海军还计划自行建造新一级的航空母舰，第一艘航空母舰计划于1997年完成建造，但最终被放弃了。1998年年底，印度开始就购买俄罗斯的“戈尔什科夫海军上将”号航空母舰进行讨论。如果该艘航空母舰进入印度海军服役的话，预计将会从其甲板上起飞米格—

下图：意大利海军“朱塞佩·加里波第”号航空母舰的动力系统由4台菲亚特公司出品的GELM2500型燃气涡轮机组成，同时还装备了强大的防御武器系统。

29 K型和苏－33型舰载机。

1980年，法国海军决定建造两艘核动力航空母舰，计划用来在90年代初期替换现役的“克莱孟梭”号和“福熙”号航空母舰。根据设计方案，为了便于在布雷斯特造船厂进行建造，新的航空母舰的舰体尺寸将与现有的航空母舰大小相同，满载排水量不少于40 462吨（40 000长吨），配置两座曾计划用在核潜艇上的反应堆，其适中航速高达27节。但是，由于缺乏资金，该项建造计划被迫延迟，直到1989年，第一艘航空母舰的龙骨才开始进行铺设，并被命名为“戴高乐”号，以此来纪念逝世的法国前总统戴高乐将军。接下来，法国当局与海军就为该艘航空母舰装备何种舰载机的问题展开了激烈争论，海军方面希望租借美国的F／A－18型“大黄蜂”式战斗攻击机，而政界则迫使其接受了达索公司生产的“阵风”式

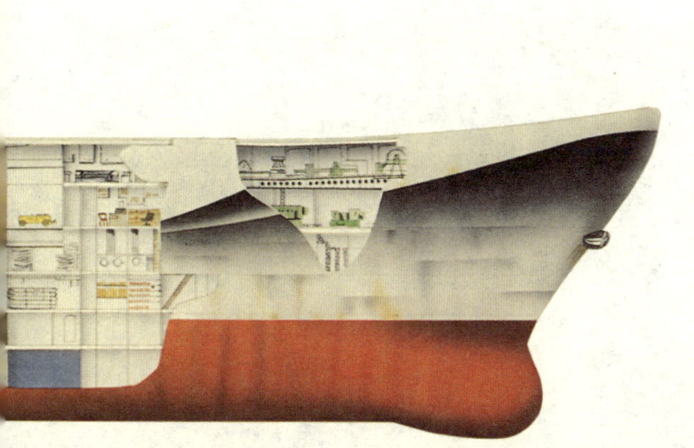

上图：飞行甲板上的“海鹞”II型攻击机。由于“鹞”式攻击机在起降时不需要弹射器、拦阻索和长距离降落甲板等设备，因此很适合在垂直／短距起降飞机航空母舰上进行作战。

上图：在1982年的福克兰群岛战争（即英阿马岛战争）中，“竞技神”号航空母舰担任英国皇家海军特混编队的旗舰。

战斗机。接下来，资金问题继续困扰着该项建造计划，尽管“夏尔·戴高乐”号早在1994年就建成下水了，但直到1998年年底才做好海上试验的准备工作。1999年初，该航空母舰在进行一系列海上试验的过程中，因电路原因发生火灾，被拖回布雷斯特造船厂进行维修。

尽管法国官方建造第二艘核动力航空母舰的计划仍然没有改变，但当局与有关方面已经在私下里达成了这样一种默契，那就是不可能为这样的一艘航空母舰筹集建造资金。然而，由于“克莱孟梭”号已经退役，“福熙”号服役的日子也将所剩无几，建造第二艘航空母舰的计划就显得尤其迫切。1998年10月，在巴黎举行的欧洲海军展览会上，法国当局提出了一个令人瞠目结舌的解决方案：在布雷斯特造船厂建造第三艘常规动力航空母舰。其实，这是一个英法联合进行的航空母舰发展项目，尽管这看起来像是个权宜之计，但由于法国海军太缺乏经费了，不得不出此下策。而作为一种解决方案，这一做法留下了许多无法回答的问题。

对于英国人而言，如果皇家海军的航母发展计划被取消的话，那么将会发生什么？法国航空母舰上将会起飞什么型号的飞机？在英国人看来，同法国进行一项航母合作计划表面上颇具吸引力，

右图：截至2003年，“海鹞”式战斗机被印度、意大利（本图）、西班牙、泰国和英国等国家使用。此外，美国海军陆战队使用“鹞”式战斗机从两栖攻击舰上起飞，支援岸上作战行动。

但实际上，此举将会限制英国航空母舰设备的发展，因为法国人必然要求诸如雷达之类的设备能与其所有的3艘航空母舰保持通用。

尽管只有极少数国家能够用得起航空母舰，但其他一些国家也不甘寂寞，纷纷发展具备空战能力的所谓的“航空”战舰，这些战舰主要装备直升机，甚至短距/垂直起降飞机。在美国海军和英国皇家海军的带动下，这些舰船主要以两栖战舰为主，其中，美国海军的舰船有“硫磺岛”（LPH.2）级直升机母舰，主要用来搭载AV－8A型或AV－8B型“海鹞”式攻击机，用来对海军陆战队进行地面支援。这种情况一直延续到新一级的“塔拉瓦”（LHA1）级和“黄蜂”级（LHD）两栖攻击舰出现为止。这种巨型多用途舰船可以搭载22架短距/垂直起降飞机，从其全通飞行甲板上进行起飞。此外，英国皇家海军的排水量20 321吨（20 000长吨）的“海洋”号两栖攻击舰并非用来起降“海鹞”飞机，但在紧急情况下，也可进行该型飞机的起降作战。

一些国家海军为了供中型运输直升机进行起降，对诸如船坞登陆舰之类的大型两栖舰船也安装了大型飞行甲板。此外，这些两栖舰船还可以供短距/垂直起降飞机进行加油及装填武器之用。意大利海军的3艘两栖船坞登陆舰铺设了平甲板，

左图：“艾森豪威尔”号航空母舰与导弹巡洋舰“加利福尼亚”号一起在海上航行。美国海军“尼米兹”级航空母舰一直保持着世界上最强大战舰的地位。

左图：美国海军“尼米兹”级航空母舰“罗纳德·里根”号。

右图：美国海军“哈里·S. 杜鲁门”号（CVN-75）飞行甲板的面积相当于3个足球场的大小，所搭载的舰载机联队的规模甚至比一些国家的空军部队还要强大。

并设置了右舷岛形上层建筑。

短距／垂直起降飞机和直升机能够为海军作战提供更多的机动能力和灵活性，因此，哪怕拥有几艘这样的混血舰船也比没有强，这就是很多国家乐此不疲地发展这种舰船的原因所在。今天，几乎所有国家海军都意识到：在没有任何形式的空中掩护的情况下，要想进行作战势必招致惨重损失，尤其是在对方飞机装备了哪怕最低级的反舰导弹的情况下，所导致的结果更加严重。这一点在1982年的福克兰群岛战争中得到了充分体现，阿根廷人的“飞鱼”式反舰导弹给予英国舰船以沉重的打击。

左图：2002年9月30日，英国政府宣布要购买150架F-35B型“短距起飞／垂直降落”飞机，用来替换已老化的“鹞”式和“海鹞”式战斗机。这种新型战斗机从陆上基地起飞，也可以从一款被称为“未来航空母舰”的CVF级上起飞。据悉，在建造CVF级航空母舰时，英国人的建造思路是，该级航母不仅能够满足目前起降“短距起飞／垂直降落”飞机的需要，还能够在未来某个时候被改装成为“常规起降飞机”母舰。

V 未来的航空母舰

在未来的远洋作战年代，航空母舰是一种有效的远程力量投送平台，能够提供强大的作战能力和出色的机动能力。

从第一次世界大战前近乎荒谬的雏形开始，直到第二次世界大战结束时的新型主力战舰，航空母舰在整个20世纪经历了一个漫长而又坎坷的发展历程。二战结束后，航空母舰又遭到了政界的非难，那些政客们指责航空母舰存在着易受攻击的弱点，但实践证明，在抗打击能力方面，航空母舰要比美国任何一个海外陆上基地都强。冷战结束后，国际社会经历了长期的动荡，许多国家此间均意识到：航空母舰及其护航舰船其实就是一片移动的领土，可以向所到之处宣示主权和实力，当在某国港口停靠的时候，它是以一种朋友的身份出现；当它开始向地平线之外驶去的时候，意味着将对某国或某一敌人进行打击。在历次的危机和冲突中，航空母舰总是第一个抵达出事地点。

在新技术的推进下，未来的航空母舰将具备更加强大的战斗力。但有一点可以肯定，那就是这种具备宽阔甲板的战舰仍将在战斗队列中作战。今天，正如二战期间的太平洋战场一样，海军航空兵部队仍是一支强大威猛的力量。航空母舰将海上作战的机动灵活性和舰载机部队的强大火力有机地结合起来，形成了令人敬畏的火力组合。

美国海军航空母舰战斗群是海军现役舰船中最为强大的力量。每支战斗群编有1~2艘航空母舰，每艘上载一支舰载机联队，因此具备了强大的投送能力。当然，航空母舰并非是一种无懈可击的战舰，它还需要一定的护航兵力来防止空中飞机和水下潜艇的攻击，这些护航兵力包括：导弹巡洋舰、导弹驱逐舰、反潜驱逐舰、反潜护卫舰以及1~2艘核动力攻击潜艇。每支航母编队均具备击沉一支敌国舰队的巨大潜力——足以证明这是一支何等强大的力量！

左图：法国海军“戴高乐”号航空母舰正发射防空导弹。

上图：未来的舰载航空器。海军战斗无人机主要以航母为平台进行作战，采用各种先进技术，确保在造价和维护费用低的前提下，获得最大限度的作战能力。

左图：依照现役的“尼米兹”级航空母舰进行设计的 CVN-21 级航空母舰，采用了一系列更加超前的设计理念。

上图：英国皇家海军未来的 CVF 级航空母舰。